人人都能讀懂
易經

吳豐隆 著

參考書目

民國63年《周易今註今譯》南懷瑾、徐芹庭註譯

民國65年《明道易經》中國孔學會　鄭燦　訂正

民國69年《辛齋易學》夏學社出版

民國69年《比較易經》陳炳元著

民國69年《周易本義》皇極出版社編校

民國70年《白話易經》孫振聲編著

民國71年《易經講話》周鼎珩著

民國76年《易經雜說》南懷瑾講述　老古文化事業公司

民國82年《易經證釋第一～八部》列聖　齊註　正一善書出版社

民國85年《易學與人生》楊政河著　慧炬出版社

民國89年《易經實用解說》徐禮集　解述

民國89年《細說易經六十四卦上・下》徐芹庭博士著

民國91年《易經》王財貴　編訂　讀經出版社

吳豐隆白話易經序

易經博士
徐芹庭教授

夫易經者經天緯地之學，救世濟民之書。通達易經之道者，上可以通天地之變；御六氣之正；步天衢，升玉虛，直證天人而合一。下可以覺世濟人，撥亂世而返諸正。成就內聖外王之業。外足以匡明主，輔聖君。安百姓，定天下。內可以淨六根，寧心境。運週天，動三百六十星宿，與天地同壽。所謂與天地合其德，與日月合其明，與四時合其序，與鬼神合其吉凶，先天而天弗違，後天而順天時者也，至矣哉！神矣哉！自古迄今，未有如易經之偉大者也。

今有吳豐隆先生者，周文王伯父泰伯之後裔也，聰智明達，既研精於易經之神蘊，博練雄偉，亦探究於易經之妙理，而講學多年，靜心澄慮，撰成吳豐隆白話易經詳解一書。是學習易經之通路，深究易經之舟航也。

學者得此一書，精而研之、勝讀十年之書，隨手把玩，坐觀天下之變。真當今天下以白話解釋易經最暢曉之書也，誠百世之良會，一時之奇遇也。

余與豐隆論交數十年、推心置腹，修仙修佛，共契天機，習儒習禪，同趨聖道。以余年長於豐隆，豐隆嘗自謙為弟子，實則友情相洽，真是親兄親弟也。今喜其書之成，讀之忘倦。提筆直書，為其前言以導夫先路云爾。

歲在丁亥二〇〇七年仲夏

世界易經大會常務理事團主席

徐芹庭敬序

自序

自從學易以來，筆者就一直想將這一本深奧難懂的經典，透過淺顯通俗的文字附上注音符號便於閱讀，配合現代人的思維模式，不囿於逐字解其經義，而將其卦爻辭的象徵意涵解析詮釋出來。協助喜好易經的人更容易理解和應用其奧旨。但這項工作的確艱巨不容易，加上還有繁重的俗事和課務，而一再耽擱。所以筆者研易三十多年來，到今年才嘗試性的提筆，排除萬難完成宿願，於是才有本書的問世。

研究易經，可以幫助我們透析事物的本質及發展過程，再藉由占卜來應用易經的智慧，便會更顯得其神妙偉大。易繫辭曰：「君子居則觀其象而玩其辭，動則觀其變而玩其占。」占卜並非僅占斷吉凶而已，占卜出來的卦爻辭會啟示吾人在過程中應遵循的法則與策略，指引如何趨吉避凶之道。並非是迷信的。

「易與天地準」、「法象莫大乎天地」、「故能彌綸天地之道」，所以易經六十四卦是開啟人類智慧的一把鎖鑰，也可以說是諸子百家所有學術思想的根源，三百八十四爻是以簡御繁，道盡了天下事物的變化，可以做為人生處世的教戰守則，其卦辭及爻

辭都值得我們細心去體會。本書的淺白詮釋，可以讓讀者易懂神會，舉一反三。書後為了「周易」的完整性，附上易傳十翼配合研讀，至於十翼是解經之傳，就不再詮釋解析。本書的編排次序，主要是依照朱熹集註周易本義，但有稍做調整，以便於教學及學習。

易經是一本以符號邏輯為架構的書，裡面蘊藏著無限量的訊息，自古以來多少研易的賢哲，都無法道盡其奧義，而讚歎這古老智慧之書並被其折服。所以筆者這本書充其量也只能說是個人研易心得報告，拋磚引玉似的淺薄之見，難免謬誤，執偏概全，尚祈賢達不吝賜教。

在拙著出版之際，特別要感謝中正紀念堂、台北保安宮及淡水社大多年來邀請筆者教授易經，以及學生的敦促，教學相長，方得以整理完成本書。

二〇〇六年十二月廿二日於閱幾草堂

前言

易經，是人類智慧不朽之書，是所有經書之源，古今中外沒有比易經更高深神奇的了。其創造的歷程歷經三古，從上古伏羲氏畫卦開創文明之端，神農氏時期以「艮」卦為首的連山易，又稱（夏易），及軒轅氏時期以「坤」卦為首的歸藏易，又稱商易，進入中古時期由周文王及周公「乾」卦為首的周易，也是目前大家所研習的易經。

• 伏羲氏與女媧

包括近古兩千多年前的孔子，及其弟子共同合作的十篇論文稱為十翼（繫辭傳上下篇，彖辭傳上下篇、象辭傳上下篇，文言傳、說卦傳、序卦傳、雜卦傳各一篇）。一部曠世的偉大著作於焉完成。舉凡一套完整的學術，都是歷經長期的改良，以及多少大智慧者智慧的結晶而成。易經這本書也不例外，從伏羲到孔子，經歷三古四聖五千多年才成立。

易經的源起，是早期人類為求生存而產生的，伏羲氏是使人類進入畜牧農業時代，人們為求農事活動能更有效用於自身，於是累積生活經驗，從結繩記事開始，一年四季春夏秋冬各不同季節，太陽、月亮所呈現的位置也不同。於是一一記錄下來，做為農事活動的參考，舉凡播種植物、卜擇良宅。所以「易」是應人類生存需要的產物。一開始是用來卜地、卜時、卜居、卜鄰、卜宅、卜事等，做為占卜之用。但這種占卜，並非一般人所想像的個人功利的占卜，而是有益眾人大用之占卜。秦始皇焚書，易經卻沒有被焚毀，而能保存下來，其因在此。李斯說，易經乃是一部占卜之書，指的是有益農事活動占卜，大用之書，並非是有些人認為李斯的私心，自己喜歡玩占卜的小用而得以保留下來。

易繫辭上傳第四章：「易與天地準，故能彌綸天地之道」。易經的道理是以自然法則為中心標準的。整部易經六十四卦其實也是自然演繹的法則，跟著天地演變的法則，意即跟著天道走，所以能涵蓋天地一切的道理。伏羲劃卦是人類文明的開始，也是中國文字的開始。劃卦的原理乃依天地自然的法則，觀察自然的法則心得而創作出來的，所以易經是示天道以明人道，立人道以合天道。了解天道法則，進而認識人事現象。引易道入人事，理事圓融。所以習易者，隨時都要以「與天地準」為中心去思維。雖然六十四卦有三百八十四爻，每一卦每一爻皆有其解，但皆不離「與天地準」為最高指導原則。卻又不離日常生活與人類生活息息相關的事物。六十四卦是用來彌綸天地，順性命之道，三百八十四爻是盡萬事萬物變化之理，如此範圍天地之化而不過，曲成萬物而不遺。

・老子（右）與孔子（中）的會面論學

伏羲劃八卦，是依物以類聚，事以群分為原則，依照群體中分類其個別性，卦一以類萬，用圖像示之。換言之，八卦是宇宙的思想符號和序列的圖記，是思想理論的基礎。先天八卦則是宇宙形成構造的法則現象，是必然性的。八大現象呈「相對性的」。而後天八卦則是言宇宙內事物的變化和運行的法則，它是呈「流行性的」。所謂先天八卦為「體」，後天八卦為「用」，用即用世之學，有體即有用，用不離其體，體用合一也。

基本上，易經是為人事而設的，與每個人都有關的一部書，是人人必讀的，研讀易經六十四卦課題，可以啟迪智慧，它是人生六十四個錦囊妙計，對內可以修身心和諧，對外可經世致用，建立利益眾生的事業，是「內聖外王」之學。孔子曰：「絜靜精微，易之教也。」「絜靜」，使人人明心見性，智慧開悟。不也是聖人的境界，修道者的目標嗎？「精微」易之奧旨微意，由卦象之升沉，及數之推移，探賾索隱，便可神而明知。對事物的演變有先見之明，能看出事物之兆頭。因每個現象到了一定的數，依其理，一定會變。「君子見機而作，不俟終日。」有智慧的人永遠走在時代的先端，領導變化。惟有明「易」者能之。

道無術而不行，「易道以卜筮者尚其占」。卜筮之道，是合人天之德，神而明之，存乎其人之「誠」，誠能盡其性而參天地，立心以誠，則應事如神，占事之吉凶而成就事業。占卜術屬於「依通」，藉著卜筮之工具與靈數之占，來達到知來。從所占卜出來之卦象，知道事物演變的過程及結果。「原始反終」，占卜貴在明因果循環，禍福無門，唯人自招。過程與結果同樣重要。

初習易者，不明其理，遇事必占，見凶則不行矣，此乃宿命論者，不足為取。天命觀者，是重演變的過程，及易道變化的法則。「易尚變」示人吉凶悔吝進退得失之機，教人知幾，知微，趨避之道，臻於寡過矣！易曰：「自天佑之，吉无不利。」坤文言曰：「積善之家，必有餘慶；積不善之家，必有餘殃。」德業所感，可改變定數，蓋因「德」能養氣而移數，「數」移則「象」變，為何「善易者不卜」，良有以也。

人生要更美好，給大家最好的建議——研玩易經。

目錄

周易本義卦歌

八卦取象歌

☰ 乾(ㄑㄧㄢˊ)三(ㄙㄢ)連(ㄌㄧㄢˊ)

☷ 坤(ㄎㄨㄣ)六(ㄌㄧㄡˋ)斷(ㄉㄨㄢˋ)

☳ 震(ㄓㄣˋ)仰(ㄧㄤˇ)盂(ㄩˊ)

☶ 艮(ㄍㄣˋ)覆(ㄈㄨˋ)碗(ㄨㄢˇ)

☲ 離(ㄌㄧˊ)中(ㄓㄨㄥ)虛(ㄒㄩ)

☵ 坎(ㄎㄢˇ)中(ㄓㄨㄥ)滿(ㄇㄢˇ)

☱ 兌(ㄉㄨㄟˋ)上(ㄕㄤˋ)缺(ㄑㄩㄝ)

☴ 巽(ㄒㄩㄣˋ)下(ㄒㄧㄚˋ)斷(ㄉㄨㄢˋ)

上下經卦名次序歌

乾坤屯蒙需訟師
比小畜兮履泰否
同人大有謙豫隨
蠱臨觀兮噬嗑賁
剝復无妄大畜頤
大過坎離三十備
咸恆遯兮及大壯
晉與明夷家人睽
蹇解損益夬姤萃
升困井革鼎震繼
艮漸歸妹豐旅巽
兌渙節兮中孚至
小過既濟兼未濟
是為下經三十四

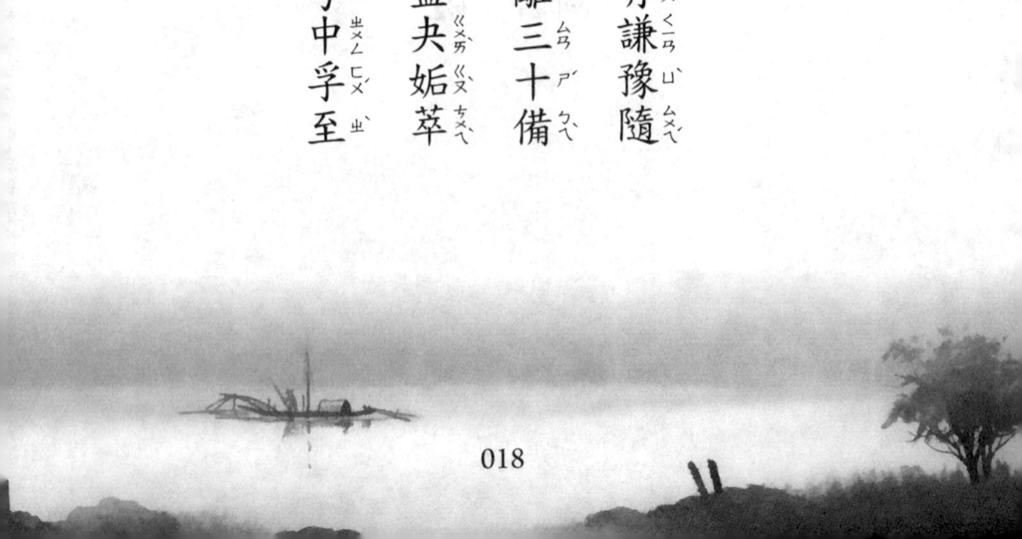

六十四卦符號對照表

8 坤 ☷ 地	7 艮 ☶ 山	6 坎 ☵ 水	5 巽 ☴ 風	4 震 ☳ 雷	3 離 ☲ 火	2 兌 ☱ 澤	1 乾 ☰ 天	上卦／下卦
11 地天泰	26 山天大畜	5 水天需	9 風天小畜	34 雷天大壯	14 火天大有	43 澤天夬	1 乾爲天	乾 1 ☰ 天
19 地澤臨	41 山澤損	60 水澤節	61 風澤中孚	54 雷澤歸妹	38 火澤睽	58 兌爲澤	10 天澤履	兌 2 ☱ 澤
36 地火明夷	22 山火賁	63 水火既濟	37 風火家人	55 雷火豐	30 離爲火	49 澤火革	13 天火同人	離 3 ☲ 火
24 地雷復	27 山雷頤	3 水雷屯	42 風雷益	51 震爲雷	21 火雷噬嗑	17 澤雷隨	25 天雷无妄	震 4 ☳ 雷
46 地風升	18 山風蠱	48 水風井	57 巽爲風	32 雷風恆	50 火風鼎	28 澤風大過	44 天風姤	巽 5 ☴ 風
7 地水師	4 山水蒙	29 坎爲水	59 風水渙	40 雷水解	64 火水未濟	47 澤水困	6 天水訟	坎 6 ☵ 水
15 地山謙	52 艮爲山	39 水山蹇	53 風山漸	62 雷山小過	56 火山旅	31 澤山咸	33 天山遯	艮 7 ☶ 山
2 坤爲地	23 山地剝	8 水地比	20 風地觀	16 雷地豫	35 火地晉	45 澤地萃	12 天地否	坤 8 ☷ 地

分宮卦象次序歌

乾為天　天風姤　天山遯　天地否
風地觀　山地剝　火地晉　火天大有

坎為水　水澤節　水雷屯　水火既濟
澤火革　雷火豐　地火明夷　地水師

艮為山　山火賁　山天大畜　山澤損
火澤睽　天澤履　風澤中孚　風山漸

震為雷　雷地豫　雷水解　雷風恆

巽為風　離為火　坤為地　兌為澤

地風升　風天小畜　天雷无妄　火山旅　山水蒙　地雷復　雷天大壯　澤水困　水山蹇

水風井　風火家人　火雷噬嗑　火風鼎　風水渙　地澤臨　澤天夬　澤地萃　地山謙

澤風大過　風雷益　山雷頤　火水未濟　天水訟　地天泰　水天需　澤山咸　雷山小過

澤雷隨　山風蠱　天火同人　水地比　雷澤歸妹

河圖·洛書

河圖

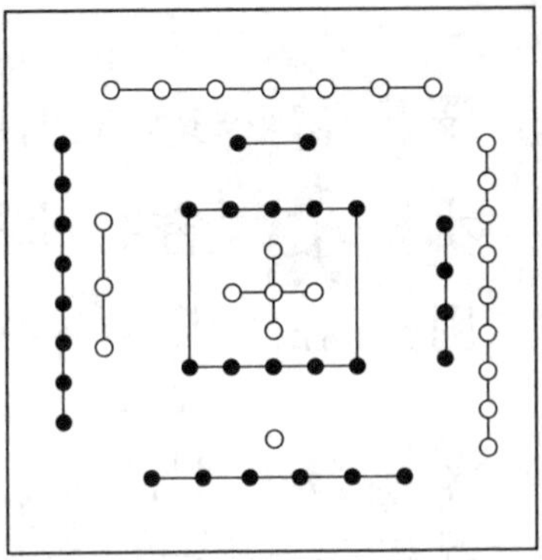

洛書

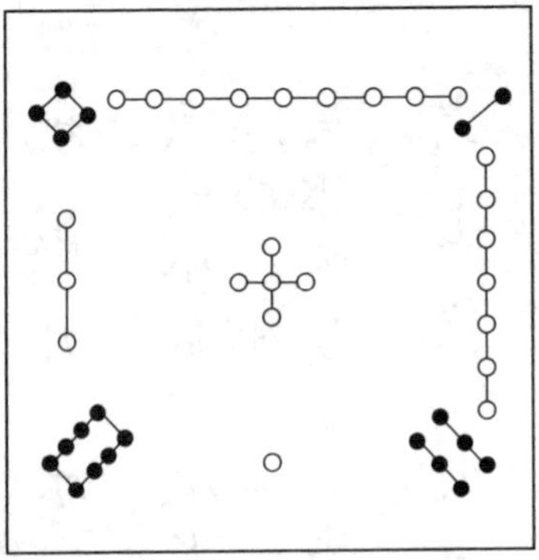

繫辭傳曰：河出圖，洛出書，聖人則之。又曰：天一，地二，天三，地四，天五，地六，天七，地八，天九，地十；天數五，地數五，五位相得而各有合。天數二十有五，地數三十，凡天地之數五十有五，此所以成變化，而行鬼神也。此河圖之數也。洛書蓋取龜象，故其數戴九履一，左三右七，二四為肩，六八為足。

蔡元定曰：圖書之象，自漢孔安國、劉歆、魏關朗子明、有宋康節先生——邵雍堯夫皆謂如此，至劉牧始兩易其名，而諸家因之，故今復之，悉從其舊。

伏羲八卦方位

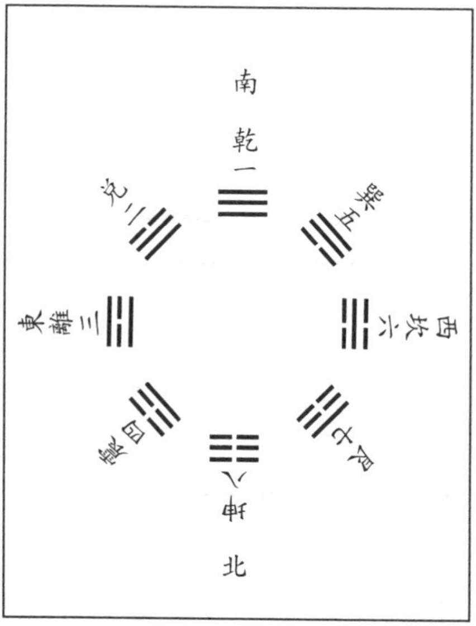

伏羲八卦次序

	一	二	三	四	五	六	七	八
八卦	乾	兌	離	震	巽	坎	艮	坤
四象	太陽		少陰		少陽		太陰	
兩儀	陽				陰			
	太極							

繫辭傳曰：易有太極，是生兩儀，兩儀生四象，四象生八卦。邵子曰：一分為二，二分為四，四分為八也。說卦傳曰：易，逆數也。

邵子曰：乾一，兌二，離三，震四，巽五，坎六，艮七，坤八。自乾至坤，皆得未生之卦，若逆推四時之比也。後六十四卦次序放此。

說卦傳曰：天地定位，山澤通氣，雷風相薄，水火不相射；八卦相錯，數往者順，知來者逆。

邵子曰：乾南，坤北，離東，坎西，震東北，兌東南，巽西南，艮西北。自震至乾為順，自巽至坤為逆。

文王八卦次序

見說卦傳第十章

文王八卦方位

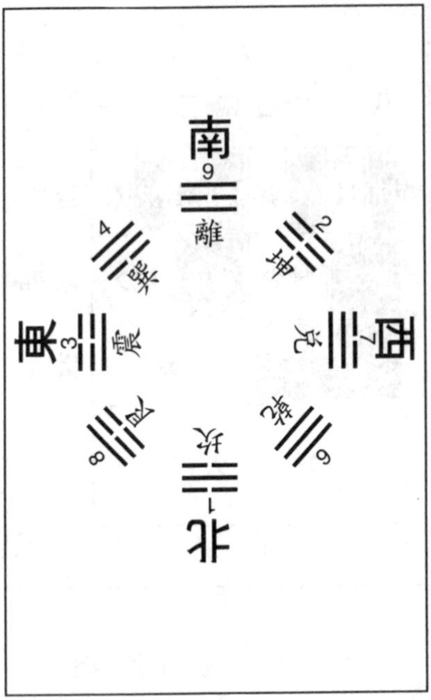

邵子曰：此文王之卦，乃入用之位，後天之學也。

六十四卦的構成

將兩個八卦重疊起來，上下各三爻為一組，下三爻稱「下卦」或「內卦」；上三爻稱「上卦」或「外卦」。大抵內卦象徵本身的條件與內在的思維，外卦象徵外在的環境與對外所持的態度。因此，六十四卦每個卦均有六個爻來構成。爻位稱謂是由下而上，稱做：初、二、三、四、五、上。如該爻為陽爻，則用「九」來象徵，如該爻為陰爻，則用「六」來象徵。

例如乾卦，全部是陽爻「—」。六個爻由下而上，稱做「初九」「九二」「九三」「九四」「九五」「上九」。

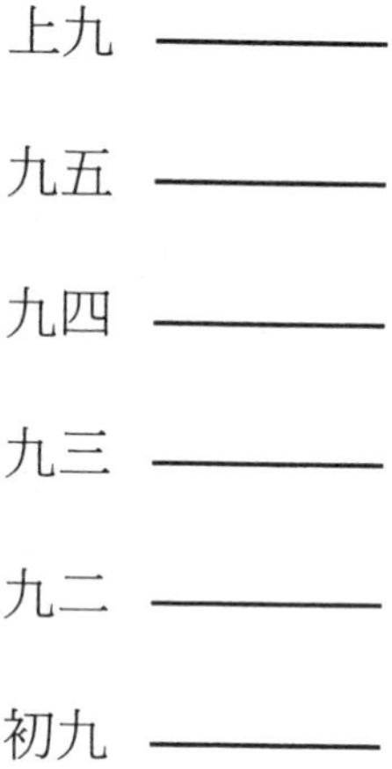

乾卦

例如坤卦，全部是陰爻「⚋」。六個爻由下而上，稱做「初六」「六二」「六三」「六四」「六五」「上六」。

上六 ⚋
六五 ⚋
六四 ⚋
六三 ⚋
六二 ⚋
初六 ⚋

坤卦

例如未濟卦，䷿，初爻、三爻、五爻為陰爻，二爻、四爻、上爻為陽爻。六個爻便稱作：初六、九二、六三、九四、六五、上九。

上九 ⚊
六五 ⚋
九四 ⚊
六三 ⚋
九二 ⚊
初六 ⚋

未濟卦

易經的簡易占卜方法

若依易繫辭上傳第九章的正宗孔子大衍術占卜方法，占卦所需要的時間很長。現代改良式占卜的方法，以金錢卦替代之亦可。只要誠心去占，一樣可以與天地互相感應，取得天地的訊息，其應如響。

以三枚相同幣值的錢幣，放入杯子裏，閉目專注於想問之事。然後輕唸禱文：「拜請四聖伏羲、文王、周公、孔子，今弟子×××住在××地，因有×事的疑惑，祈求降卦示吉凶。」祝畢將錢幣連續搖擲六次。例如以十元硬幣為例，「拾元」這一面當做陽，以數字3記之，另一面當做陰，以數字2記之。每擲一次，便將三枚硬幣所替代的數字加起來。出現的機率只有四種：6、7、8、9的數字。即三枚硬幣全部是十元者，為9。三枚硬幣全部為反面者，為6。二面拾元，一面反面者，為8。二面反面，一面拾元者，為7。

將六次結果，依初爻、二爻、三爻、四爻、五爻、上爻的次序由下往上記下來。偶數6與8記陰爻「⚋」。奇數7與9記陽爻「⚊」。於是便會出現一個卦。然後就可以去查那一個卦的卦辭與爻辭。

例如：擲完六次結果的數字依序是9、8、8、6、7、7。則列出卦象為䷩(776889)風雷益卦。

斷卦原則：數字6與9為動爻，7與8為不動之爻。

歸納如下——

一、若只有出現一個6或是9時，以該卦的那一爻的爻辭斷之。

例：䷄（898777）水天需，以需卦之九五爻的爻辭斷之。

二、若出現兩個6或9時，則先看下爻再看上爻。

例：䷎（888986）地山謙，以謙卦之初六爻及九三爻斷之，再合參變卦復卦之卦辭。

（變卦為䷗復卦）

三、若出現三個6或9時，必須求出變卦（動爻為陽爻變陰爻，陰爻變陽爻）。以本卦及變卦之卦辭去合參斷之。

例：䷍（967797）火天大有卦，第二、五、上爻變，變卦為䷰澤火革卦。

所以，用大有卦及革卦的卦辭合參斷之。

四、六爻所得之數皆的「7」或「8」，即沒有動爻，則依本卦的卦辭去占斷。

例：䷾（878787）水火既濟，用既濟卦之卦辭占斷即可。

五、四爻以上為6或9時，即「變多於不變」，以變卦之卦辭占斷之。或建議隔一段時間再重新占卜之。

乾卦第一

䷀　乾下　乾上

乾（ㄑㄧㄢˊ）。元（ㄩㄢˊ）亨（ㄏㄥ）利（ㄌㄧˋ）貞（ㄓㄣ）。

〔現代解析〕　乾卦是周易的首卦。乾為天，也是一切事物的開始。代表宇宙天體的循環功能與法則。「元」，是創始、博大、周詳、根本之意。「亨」，是通達、流暢、亨通之意。「利」，是和諧、適宜、收穫之意。「貞」，是純正、穩固、持續之意。元、亨、利、貞即是乾卦之四德。貞下起元，生生不息。

乾卦的上下卦皆為乾「☰」，意味如果具備像天的剛健、偉大、完美的領導者，也是個胸懷大志的人，就會亨通成功，但宜堅守正道，像天一樣永無懈怠，才能持續永保偉大成功。

乾卦在人事上代表國家的領導者、公司老闆、各單位主管。要做好領導統御，宜效法乾卦之德，具備周詳計畫、強烈企圖心與責任感，用人唯才，組織運作有效益，並堅定固守正途，方不至於失敗。

乾卦六爻，皆以龍來代替。「龍」象徵著生命力、智慧。意味人生要在不同的階段，適時的抓住機會，站好自己的位置，盡自己的本分，扮演稱職的角色地位，不踰越分寸，才是有智慧的人。乾卦六條龍由初爻至上爻分別為潛龍、見龍、惕龍、躍龍、飛龍、亢龍。龍也是「道」，道在自己心中，所以人生要不斷地提升層次，轉識成智，修行至最高智慧。

彖曰：大哉乾元，萬物資始，乃統天。雲行雨施，品物流形。大明終始，六位時成，時乘六龍以御天。乾道變化，各正性命，保合太和，乃利貞。首出庶物，萬國咸寧。

象曰：天行健，君子以自彊不息。

〔現代解析〕 萬物皆憑藉著乾卦天的功能，始以生成，於是孔子在彖傳，讚美天的偉大，開啟創造萬物，一切萬物皆統合在天之下。

乾元創始之氣機發動，跟隨著是充沛的雨，普施於各處，依著時空的變化，萬物得以化育流行，生生不息。

偉大光明的宇宙，日月週而復始，生生不息，依著時序循環，不同的時間階段變化，角色地位思想皆不同。就像乘著六條龍，駕御著天道，即運用天道的發展法則，位因時而成。

天道是不斷地變化，但變化皆有其一定法則，萬物也皆依其本質特性，順其生命發展法則，得以生存發展延續。配合乾道變化中之自然和諧，而得祥和有利，端正穩固持續生存下去。所以說，乾道是創造萬物，也使萬物皆得到安寧。

天體的運行，剛健而不停息，週而復始。君子與在上位者應效法天道的精神，不

間斷的進德修業，除去私欲，做到無欲則剛，利益眾生。故知君子學易可以得元亨利貞，成就久大之偉業，小人學易可以成為君子。

初九，潛龍勿用。

象曰：潛龍勿用，陽在下也。

〔現代解析〕龍在易的哲學是代表生命力。潛龍，意指潛藏在一個人內部的生命能量，尚未修養完成，不足以貿然行動。此時，君子宜做好準備，安分守己，隱忍待時，暫時勿施展其才，剛出道，不急於就事，要以不變應萬變。

九二，見龍在田，利見大人。

象曰：見龍在田，德施普也。

〔現代解析〕見龍在田，意指一個人的才德能夠適時施展表現出來，有利於大眾，又不誇功，讓眾人都可以看見。自然也會受到偉大人物的欣賞。換言之，先於利人者必也獲利於人。

九三，君子終日乾乾，夕惕若，厲，无咎。

象曰：終日乾乾，反復道也。

〔現代解析〕君子的成功在於精進不已、不懈怠。從早到晚都懷著戒慎嚴謹的態度，隨時警惕自己，注重言行修養，不偏離正道，不刻意營求，就可以沒有災害。

九四，或躍在淵，无咎。

象曰：或躍在淵，進无咎也。

〔現代解析〕此時期的「躍龍」，是轉型期，即要把握最有利的機會，掌握進與退的策略。進可攻，向上提升地位。退可守又不離開群眾，再等待機會。雖有疑惑進或退，但能審時度勢，掌握自如，不脫序就不會有災害。

九五，飛龍在天，利見大人。

象曰：飛龍在天，大人造也。

〔現代解析〕飛龍在天，意味得到天時地利，機會成熟可以海闊天空地充分施展自己的才華與抱負。成功的領導者應懂得任用賢人輔佐，並以服務人群為己任，方能

受到大眾的支持與擁戴。有如龍雲降甘霖，恩澤施於天下。

上九，亢龍有悔。

象曰：亢龍有悔，盈不可久也。

〔現代解析〕 亢龍，即是到了高亢、極限、高傲的地步。物極必反，盈不能持久。生命動能發揮到極限，必定會停滯轉趨衰退。人生在此時就會有挫折感，心生懊悔。高處不勝寒，易被孤立。如何持盈保泰，則應自我警惕，虛懷若谷，謙虛對下，或功成名遂而身退。

用九，見群龍无首，吉。

象曰：用九，天德不可為首也。

〔現代解析〕 用九，即是使用陽剛之道。不可以獨裁暴道，宜權變。「群龍」指的是不同時間、角色、地位、能力、階段、環境而言。平等共存、分工合作才是宇宙間的道理。依循著人性、物性的變化，順勢而為。大道無為，大善無跡，大位不居。做為一個領導者，統御整合各類人才，使各司其職，相互協調。事業的成功，功勞是屬於每一個人的。

坤卦第二

䷁

坤下　坤上

坤。元亨，利牝馬之貞。君子有攸往。先迷，後得，主利。西南得朋，東北喪朋。安貞，吉。

彖曰：至哉坤元，萬物資生，乃順承天。坤厚載物，德合无疆；含弘光大，品物咸亨。牝馬地類，行地无疆；柔順利貞，君子攸行。先迷失道，後順得常。西南得朋，乃與類行；東北喪朋，乃終有慶。安貞之吉，應地无疆。

象曰：地勢坤，君子以厚德載物。

〔現代解析〕 坤卦，以母馬為象徵。因為母馬柔順又忠貞，柔中有剛之意。是有原則的順從。好像地球順著太陽運轉，一為逆轉，一為順轉卻有其規則。順從天道，而不與天爭，才有所主，有目標。

有智慧的人知道地道順從天道的道理，為人臣、妻、下屬者凡事不可先行做主，先以柔謙待人，或許可能先失去一點尊嚴，但最後能夠以柔克剛，而成功得利。

君子應學習大地的包容、寬厚、沈著、柔順，負載萬物的德行。關鍵在於始終要順從自然的規律。萬物皆依天道而生長發展，同類相和則順，異類雖不和但陰陽相互配合，最後還是終有吉慶。其道理是萬物皆能找到其適合的環境生存延續下來。

初六，履霜，堅冰至。

象曰：履霜堅冰，陰始凝也；馴致其道，至堅冰也。

〔**現代解析**〕腳底下踩到霜雪，就可預知結冰的日子快到了。這是大自然循環變化的道理。任何事物在變化之初皆有前兆，見微可以知著，葉落知秋即將到臨。「小洞不補，大洞受苦」，所以吾人應知防微杜漸，未雨綢繆。順應事物變化的道理，及早做好準備工作，就可以無所畏懼，坦然面對變化。

六二，直方大，不習无不利。

象曰：六二之動，直以方也；不習无不利，地道光也。

〔**現代解析**〕做人做事的態度與方法，只要秉持著專注、有目標、外圓內方，有原則，堅定信念，大公無私。自然沒有不利的。因為坤之道，是順著天，順著自

然，無為而無所不為。

六三，含章可貞，或從王事，无成有終。

象曰：含章可貞，以時發也；或從王事，知光大也。

〔現代解析〕一個人要有才華並且要有含蓄的美德，不可急於表現，顯露鋒芒。但也不是無作為，而是要順從天道剛健不息的規律，美德與才華終會被人發覺，即使為人作嫁，不做領導者，也是會有好結果。這是弘大坤道的智慧。

六四，括囊，无咎无譽。

象曰：括囊无咎，慎不害也。

〔現代解析〕俗話說：「沈默是金」，一個人要謹言慎行，才能明哲保身，是非的產

生往往是禍從口出。不該言而言，則失言。有道是——「宿將還山不論兵，英雄到老皆皈佛。」總之，謹慎知足可能得不到讚譽但不會有害處的。

六五，黃裳，元吉。

象曰：黃裳元吉，文在中也。

〔現代解析〕領導者能夠保持以柔克剛謙恭的坤德，禮賢下士，並堅守自己的本位，順著自己的本性，不勉強自己，垂拱而治。內在的美德就會顯露出來，而會大大的吉利。

上六，龍戰于野，其血玄黃。

象曰：龍戰于野，其道窮也。

〔現代解析〕這一爻是坤卦的最上爻。坤道為順，最上爻即陰極則要生變，由順轉逆，由坤轉乾。變以求通，但變之過程難免有陰陽主從不分，猶如兩條龍在郊野打起來，必有損傷。所以，凡事過與不及皆不吉，太過陰柔到了極點，反而會帶來凶險。

用六，利永貞。

象曰：用六永貞，以大終也。

〔現代解析〕運用陰柔的坤道做人處世，要始終守著純正為臣之道，不可主從不分。應該效法坤道，永遠順從天道的精神，才能得到偉大的結果。

屯卦第三

䷂

震下　坎上

屯。元亨利貞。勿用有攸往，利建侯。

彖曰：屯，剛柔始交而難生。動乎險中，大亨貞。雷雨之動滿盈，天造草昧，宜建侯而不寧。

象曰：雲雷，屯；君子以經綸。

〔現代解析〕屯卦，象徵萬物創始階段，有開始就有生機，有希望。只是事物草創階段，都是充滿艱難。例如嬰兒的誕生，種子的萌芽，雖然充滿喜悅希望，但對嬰兒以及種苗本身而言，是脆弱無助，需要外在環境來配合，才能決定是否能成長

發育壯大。

由此可知，一個人要創業，首先要找到適當的立足點，根基紮穩。基礎力量穩固，方能茁壯。還沒做好準備之前，絕不可以輕舉妄動。一定要經過慎思籌謀，認識自己，為己定位。借助周圍有力人士，尋找賢達專業人士襄助。努力不懈，克服困難，一本初衷，堅守正道，必定可以大展宏圖。

下卦為震，上卦為坎，卦象為動乎險中，天地必陰陽剛柔交會，萬物皆在此艱難雜亂中產生。有智慧的君子建立事業，應該知道經營整頓，使事物都各正其位，互蒙其利，而條理有序。

初九，磐桓，利居貞，利建侯。

象曰：雖磐桓，志行正也；以貴下賤，大得民也。

〔現代解析〕一般而言，創業之初，環境壓力大，會進退徘徊。如同草木被大石頭壓

住。但草木會依靠自己旺盛的生命力，突破困難，借助周圍環境的養分生長出地面。比喻一個人只要立定志向，找到立足點，培養人脈，接近基層，禮賢下士，自然得道多助，大得民心。

六二，屯如邅如；乘馬班如，匪寇，婚媾；女子貞不字，十年乃字。

象曰：六二之難，乘剛也；十年乃字，反常也。

〔現代解析〕

初踏入社會，難免困難重重，徘徊躊躇。自己的才華也未顯見出來。有求於人時，人微言輕，不被重視，經常會碰釘子。在此階段，宜堅定自己的信念與目標，發揮行動力，有效益的突破困境。否則耗費太長的時間，付出的代價會太大。譬如少女為了挑好的對象，拖了十年再嫁，已人老珠黃，違反常態。人生的結果與過程同樣重要。

六三，即鹿无虞，惟入于林中；君子幾，不如舍，往吝。

象曰：即鹿無虞，以從禽也；君子舍之，往吝，窮也。

〔現代解析〕追逐理想目標，不可一意孤行，違法盲幹。譬如入山打獵，沒有申請入山證，也沒有嚮導，貿然進入森林追逐獵物，很容易迷失碰到危險。聰明的人應該懂得當捨則要捨，不會執迷不悟。再另外找目標與機會就是了。

六四，乘馬班如，求婚媾；往，吉，无不利。

象曰：求而往，明也。

〔現代解析〕在激烈的社會競爭中，只要目標明確，拿定主意，不可猶豫不前，要努力去找志同道合人士，人家都會與你配合，這才是明智的態度。譬如，只要你有

能力又有勇氣去追求理想的伴侶，就有成功的機會。

九五，屯其膏。小，貞吉；大，貞凶。

象曰：屯其膏，施未光也。

〔現代解析〕 經過了一段時間的努力，也小有成就和積蓄，但在此屯卦剛開創時期的成就，還是不宜有大動作，小小的轉投資或加碼是吉利的。

上六，乘馬班如，泣血漣如。

象曰：泣血漣如，何可長也？

〔現代解析〕 物極必反的道理，生存競爭不可惡性競爭與盲目全盤投入，否則只有兩敗俱傷，或將自己帶入進退兩難的地步。事業就很難維持長久了。

蒙卦第四

䷃ 坎下 艮上

蒙。亨。匪我求童蒙，童蒙求我。初筮告，再三瀆，瀆則不告。利貞。

彖曰：蒙，山下有險，險而止，蒙。蒙，亨，以亨行時中也；匪我求童蒙，童蒙求我，志應也；初筮告，以剛中也；再三瀆，瀆則不告，瀆蒙也。蒙以養正，聖功也。

象曰：山下出泉，蒙；君子以果行育德。

〔**現代解析**〕人人內心的願望都有主動需要想去學習新知，接受教育。萬物開始時都是幼稚愚昧，所以都需要教育。教育者與被教育者的關係就格外重要。被教育者的學習動機應該真誠、純正，並且要尊師重道。

教育是一種神聖的事業，學習者不宜三心兩意，隨便而無誠意。應該像卜筮問事一般神聖，不可褻瀆神明。求教於他人，應誠心誠意而且要專心，同一問題不可一問再問，不敬重人家的教誨者，可以不予教之。

卦象為山下有水，象徵冬去春來，大地解凍，泉水流出，萬物抓住生長的機會。草木吸收水分、養分、陽光向上生長茁壯。人類亦同，聰明者宜適時抓住機會主動地向明師學習，堅定信念，真誠受教，才會有收穫。教育他人者也要珍惜志同道合有緣之人，予以傾囊相授。

初六，發蒙，利用刑人，用說桎梏；以往，吝。

象曰：利用刑人，以正法也。

〔現代解析〕 啟蒙最初階段，就要約法三章，先訂立規範。利用處罰犯人的方法來約束、糾正之。建立典範之後，重點是要讓被啟蒙者主動遵守規章。爾後，就可以不須再使用體罰的方式。若一味的使用嚴刑竣罰的教育方法，反而會行不通，難以達到啟蒙教化的目的。

九二，包蒙，吉。納婦，吉；子克家。

象曰：子克家，剛柔接也。

〔現代解析〕 教育應秉持有教無類，有廣大的寬容性，男女平等受教育。小孩受教育成年後，就要娶妻成家，治理家業，代代相傳。

六三，勿用取女。見金夫，不有躬，无攸利。

象曰：勿用取女，行不順也。

〔現代解析〕要教育愛慕虛榮又見利忘義之人，是行不通的。譬如娶一個沒有原則、不守貞節、趨炎附勢、貪慕金錢隨便委身他人的女人為妻，是不會有好結果。

六四，困蒙，吝。

象曰：困蒙之吝，獨遠實也。

〔現代解析〕在教育條件差的環境中，往往是盲目的摸索，孤立無援，沒有明師指引啟蒙。所以容易陷入蒙昧困頓，很難找到竅門。學習的過程可能就要加倍的辛苦，付出代價相對也會很高。

六五，童蒙，吉。

象曰：童蒙之吉，順以巽也。

〔現代解析〕學習的態度，要以虛心受教的態度隨時學習新的事務。並順應時代潮流，不固執己見，從基礎學起，按部就班，如同幼兒教育到長大，是有系統性的教育。那麼，肯定是吉利的。

上九，擊蒙，不利為寇，利禦寇。

象曰：利用禦寇，上下順也。

〔現代解析〕教育方式不當，易生反效果，使不良習氣未能改善，反而更惡化。例如，產生自暴自棄或叛逆之徒等類。教育的目的主要在預防不良習氣的形成，所以教育者的教育方式應適當，被教育者才會高興接受。

需卦第五

乾下　坎上

需。有孚，光亨，貞吉，利涉大川。

彖曰：需，須也。險在前也，剛健而不陷，其義不困窮矣。需，有孚，光亨，貞吉，位乎天位，以正中也。利涉大川，往有功也。

象曰：雲上於天，需；君子以飲食宴樂。

〔現代解析〕當時機尚未成熟時，要有耐心、信心，堅持遵守自然界的規律，需要等待就要等待。嬰兒到成年，樹苗到開花結果，雲霓到下雨都是需要等待。不宜揠

苗助長，躁急貿然前進。

等待需要智慧，首先要內心放空，聆聽內在的聲音，確定自己的需要是什麼，確定後要相信它，並堅定信念，生命就會滿足你的需要。

等待時需要站對有利的位置，並且要了解人性，將心比心。譬如大家害怕時，你不可害怕。大家不怕時，你就要害怕。如此才能掌握時機，該出手時就要出手。

依卦象而言，以卦為坎卦，危險在前之象。內卦乾卦，表示內心堅定純正。雲層在天上，需要等待陰陽氣流會合，方會下雨。在等待的時期，宜充實自己，注重營養，飲食養身，把身體照顧好，留得青山在，不怕沒柴燒。多參加團體宴會，聯絡感情，培養人脈，並共商大計。

初九，需于郊，利用恆，无咎。

象曰：需于郊，不犯難行也；利用恆，无咎，未失常也。

〔現代解析〕 保持距離，以策安全，當需要的東西尚在遠方，不宜躁急貿然前進，只要多利用環境的資源，有恆心堅持等待下去，才是理智的選擇，不會有災害的。

九二，需于沙，小有言，終吉。

象曰：需于沙，衍在中也；雖小有言，以吉終也。

〔現代解析〕 在等待過程中，不可受到閒言閒語的影響，也許會遭受到一些人的埋怨責難，但等待總是需要點時間。就像流水曲折迴旋後再延長下去。所以，只要從容不迫的等待，最終是吉利的。

九三，需于泥，致寇至。

象曰：需于泥，災在外也；自我致寇，敬慎不敗也。

〔現代解析〕當危險已近在眼前時，就更需要小心謹慎，絕對不可做超過自己能力所能負擔的事情，或貪圖名利，大膽貿然前進，否則災難立至。所以謹慎量力而為是使自己立於不敗之地的不二法門。

六四，需于血，出自穴。

象曰：需于血，順以德也。

〔現代解析〕當已處於危險中，等待救援時，行事要謙虛謹慎，先自力救濟再配合救援力量的到來，順應變化，不可輕舉妄動，才能脫離險境。

九五，需于酒食，貞吉。

象曰：酒食貞吉，以中正也。

〔現代解析〕 做為一個領導者，在等待機會的同時，應該懂得人性的欲求，以酒足飯飽來養賢德之士。只要動機純正，即可廣結善緣，利用民氣，大有可為。

上六，入于穴，有不速之客三人來，敬之終吉。

象曰：不速之客來，敬之終吉；雖不當位，未大失也。

〔現代解析〕 遇到突發狀況來臨時，要懂得以時間換取空間，處置得宜與否，這就可以看出平時的處世涵養。例如有不速之客三人突然闖入時，應處變不驚，先求局面穩定下來。好漢不吃眼前虧，謹慎客氣以禮待客，進一步再思考因應之道。就不會有大的損失。

訟卦第六

䷅

坎下　乾上

訟，有孚窒，惕，中吉；終凶。利見大人，不利涉大川。

彖曰：訟，上剛下險，險而健，訟。訟，有孚窒，惕，中吉，剛來而得中也；終凶，訟不可成也；利見大人，尚中正也；不利涉大川，入于淵也。

象曰：天與水違行，訟；君子以作事謀始。

〔現代解析〕　爭執大都是為了利益分配，雙方彼此間的信用阻塞不能諒解而起。當有爭執起端，若能知所警惕，反省自己，不讓誤會加深。或是能心平氣和去找仲裁

者來溝通和解，就不會惡化下去。

倘若還是一味堅持己見，彼此不相讓，演變到了非打官司爭訟的地步，是讓自己走進死胡同，完全沒有迴旋空間，就不會有好的結果。

訟，卦象上卦為乾卦，代表陽剛。下卦為坎卦，象徵陰險。隱喻剛毅有才幹之人但內心陰險，就容易與他人起爭訟。大易哲學告訴我們：有智慧的君子在行事之初，要能慎謀，減少爭訟發生。若有事端引起，就要迅速予以止息。才不會愈陷愈深。何況，久訟終凶。

初六，不永所事，小有言，終吉。

象曰：不永所事，訟不可長也；雖小有言，其辯明也。

〔現代解析〕 開始有了爭訟，就要儘快的處理，面對問題來溝通，雙方不要偏執己見，理清、化解誤會。雖然在面子上會有些損失及言語上的互相爭吵，但不讓事

端拖延過久或繼續發展下去，就會吉祥。

九二，不克訟，歸而逋，其邑人三百戶，无眚。

象曰：不克訟，歸逋竄也；自下訟上，患至掇也。

〔現代解析〕 由於是自己去招惹人家，使得爭訟處於下風，但常言道：「識時務者為俊傑」，不可再意氣用事，宜先行妥協，走為上策，回到自己支持的團體中，還會有故舊來掩護你、挺你。

六三，食舊德，貞厲，終吉；或從王事，无成。

象曰：食舊德，從上吉也。

〔現代解析〕 享食前人留下的基業與餘蔭，沒有什麼貢獻與作為，是危險的。宜自力

更生，重整祖德，效忠上司，功成而弗居，就不會有爭訟發生。

另一層的啟示：吾人要師法前人的經驗，但勿完全模仿，要宜配合時代脈動有創新觀念，老戲新拍，老歌新唱，遵循古法但重新加上創意與包裝。

九四，不克訟，復即命；渝，安貞，吉。

象曰：復即命，渝，安貞不失也。

〔現代解析〕 當與上司爭訟處下風時，要改變與上司爭訟的心理，讓自己先平靜下來，再回去聽從上司，不要再惹事，安守本分，就不會有過失，繼續扮演好自己的角色。

九五，訟，元吉。

象曰：訟，元吉，以中正也。

〔現代解析〕領導者處理裁判爭訟時，要秉持中正、正義的原則，並且是為了大眾的利益做裁奪。事端剛起，就要迅速消弭事端，息事寧人，制敵於機先。倘若要打官司，理由正當名正言順，不畏戰才會贏。

上九，或錫之鞶帶，終朝三褫之。

象曰：以訟受服，亦不足敬也。

〔現代解析〕從爭訟中得到的賞賜，不會讓人尊敬。譬如，投降之人重新再被任命官職，或是司法案件中的污點證人，或是仙人跳案件得到的賠償。雖然贏了官司，但都輸了面子。

師卦第七

䷆

坎下　坤上

師。貞，丈人吉，无咎。

彖曰：師，眾也；貞，正也；能以眾正，可以王矣。剛中而應，行險而順，以此毒天下，而民從之，吉又何咎矣！

象曰：地中有水，師；君子以容民畜眾。

〔現代解析〕 戰爭是不得已的，必要戰爭時，用兵貴在選將，孫子兵法：「將者，智、信、仁、勇、嚴」，主帥應是有威望、穩重、雄心大略的人來擔任。作戰要師

出有名，領著正義之師，才能得到人民的支持相應。打戰當然是危險，但只要是順應天理與民心，因戰爭而有所傷亡破壞，最後得以保全國家社會的生存，那算什麼災害呢？

依卦象來看，下卦為水，上卦為地；水在地中集結起來。表示師卦就是集結眾人，加以訓練。也即是養兵千日，用兵一時。軍隊平時就要嚴加訓練，紀律嚴格，賞罰分明。主帥要能接納眾人，而且是要有威德之人來擔任。

當一個企業領導人，應從師卦中得到啟示，即公司平時就要建立完整的制度與嚴明的紀律，加強專業訓練。幹部遴選首重品德與責任感，因為商場如戰場，平時的訓練與整合準備工作要先做好。用人得當才是致勝的關鍵。

初六，師出以律。否臧凶。

象曰：師出以律，失律凶也。

〔現代解析〕軍隊或團體的紀律攸關成功與失敗，倘若軍隊沒有嚴謹的軍紀，命令便無法貫徹，指揮官的調度控制無法發揮，注定是要失敗的。

九二，在師，中，吉，无咎，王三錫命。

象曰：在師中吉，承天寵也；王三錫命，懷萬邦也。

〔現代解析〕剛毅又中庸之主帥，受到了君王的肯定與褒揚。這是因為主帥能夠安撫萬邦，能力強，才能得到君王的寵信與倚重。同理，在商場上，能夠替公司創造利潤的幹部，肯定是會受到老闆的賞賜與褒揚。

六三，師或輿尸，凶。

象曰：師或輿尸，大无功也。

〔現代解析〕出師作戰，不可以好大喜功而輕舉妄動，否則易損兵折將殘敗而回。所以，做為領導者，絕不可以讓行為乖張的人握有決策權。否則，除了不能創造利益，還可能耗損大量資源。

六四，師左次，无咎。

象曰：左次无咎，未失常也。

〔現代解析〕行動作戰遇到有變化時，宜先求安全佈陣為要，應該選擇優勢有利之地紮營駐守，保持戰力穩住大局，以守為攻，再隨機應變。如此做是沒有違背用兵的常規，就不致有災害。

六五，田有禽，利執言，无咎。長子帥師，弟子輿尸，貞凶。

象曰：長子帥師，以中行也；弟子輿尸，使不當也。

〔現代解析〕師出有名，是無咎的。因為有發現敵人的入侵事實，當然名正言順，有了藉口就可以仗義執言而出兵。但是假如任用領導能力差的主帥，指揮權又無法統一的話，既使動機純正的出兵，也會遭致殘敗的結局。

上六，大君有命，開國承家，小人勿用。

象曰：大君有命，以正功也；小人勿用，必亂邦也。

〔現代解析〕戰爭結束後，都會論功行賞。在古代，君王會依功績大小，封諸侯國或大夫家，並賜以土地。但是對有功績而品德不佳的小人，就不可以授予權位。否則，小人有權位，天下就會大亂。

比卦第八

䷇

坤下　坎上

比。吉。原筮，元永貞，无咎。不寧方來，後夫凶。

彖曰：比，吉也；比，輔也，下順從也。原筮元永貞，无咎，以剛中也。不寧方來，上下應也。後夫凶，其道窮也。

象曰：地上有水，比；先王以建萬國，親諸侯。

〔現代解析〕人是不可能離群索居的，原本就是要與他人親比交往，和平共處。人際交往之道，應秉持正念互惠原則，才能持續長遠而沒有災咎。

與人相交往，要順其自然，誠信為首要。不要猶疑，也不要趨勢附炎。絕不可以總是一再觀望形勢，等到人家有成就，才想要去攀附人家，就太慢了，反而會遭致凶災。應該在一開始大家團結聚合，擇善依附共襄盛舉時，不可遲疑就要先去參與親比。所以，參與依附時間的選擇是非常重要的。

從卦象來看，地得水而柔，水得地而流。水與地相互依存，共蒙其利。但因水在地上散行，沒有匯聚，形成全面性的流行。古代君王便依「比」卦之象，封建萬國，親比諸侯而統御之。由此可知，做人就是要懂得廣結善緣，遠惡親賢，發揮與人親輔親比，良性競爭，才能創造雙贏。

初六，有孚比之，无咎。有孚盈缶，終來有它吉。

象曰：比之初六，有它吉也。

〔現代解析〕與人交往，首先要建立起誠信，才不會有災咎。長期累積下來的誠信，

就像用瓦罐裝滿美酒一般。誠信的美德猶如美酒般的芬芳。香氣會傳開，有了誠信基礎後，就會另有其他人再來找你親比或合夥的機會。

六二，比之自內，貞吉。

象曰：比之自內，不自失也。

〔現代解析〕親附他人，應出自內心，心甘情願，不是偽裝的。而且動機要純正，卻又不失自己的身分與目標志向。同時，依附他人應該要有所選擇。

六三，比之匪人。

象曰：比之匪人，不亦傷乎？

〔現代解析〕親近依附偽善不正派的人，即與小人共事，會被人認為是同流合污，尊

嚴與形象都會受到傷害，怎不傷心呢？

六四，外比之，貞吉。

象曰：外比於賢，以從上也。

〔現代解析〕要選擇良君或賢明高尚的人來親比，才能使自己向上提升層次。交友亦同，無友不如己者，見賢方能思齊之。

九五，顯比。王用三驅，失前禽，邑人不誡，吉。

象曰：顯比之吉，位正中也；舍逆取順，失前禽也；邑人不誡，上使中也。

〔現代解析〕居高位的人與他人交往，要有寬宏大量的心胸，光明正大，堅守正道，並聽其自然。不論是否能與自己親比者，皆一視同仁，尤其對反對者更網開一面。如此一來，自然會受到尊敬，大家也不會戒慎恐懼。也就是行王道也。

上六，比之无首，凶。

象曰：比之无首，无所終也。

〔現代解析〕開始時，沒能去親比他人，因遲疑不決，而錯失機會，悔不當初，當然是不得善終。換言之，要與人相親相輔，應該及時把握機會，有始有終，才能免於凶禍到來。

小畜卦第九

䷈

乾下　巽上

小畜。亨。密雲不雨，自我西郊。

彖曰：小畜。柔得位而上下應之，曰小畜。健而巽，剛中而志行，乃亨。密雲不雨，尚往也；自我西郊，施未行也。

象曰：風行天上，小畜；君子以懿文德。

〔現代解析〕人生事業過程中，都是要不斷的累積存畜資源與經驗，偶爾會稍有停頓，例如遇到宏觀調控，但只要主動積極去運作，請求他人貢獻良策，自己再整

合各項資源增加實力，最後就會亨通。

譬如天上的雲層若尚未積累到一定的程度，雨是下不來的。也就無法潤澤廣施蒼生，利濟天下。

雲朵是一滴滴累積而成，人的實力也是一步一腳印，鍥而不舍蓄積而成。所以，人要有像天一樣的剛健意志，以及恭遜謙卑的態度來處世治業，就能聚沙成塔，水到渠成。因為，機會是留給有準備的人。

從卦象來看，上卦為風，下卦為天，風在天上行，一切尚在醞釀進行中，自然界是依季節、時間而轉變，下雨的時刻是要經過醞釀，並等待季節與時候的到臨。

君子依卦象而知，自己要經常去增長文章才智與品德的修養，做到盡善盡美的地步。等到功行圓滿，成熟穩重，就要抓住機會，施展抱負，利濟天下。

初九，復自道，何其咎？吉。

象曰：復自道，其義吉也。

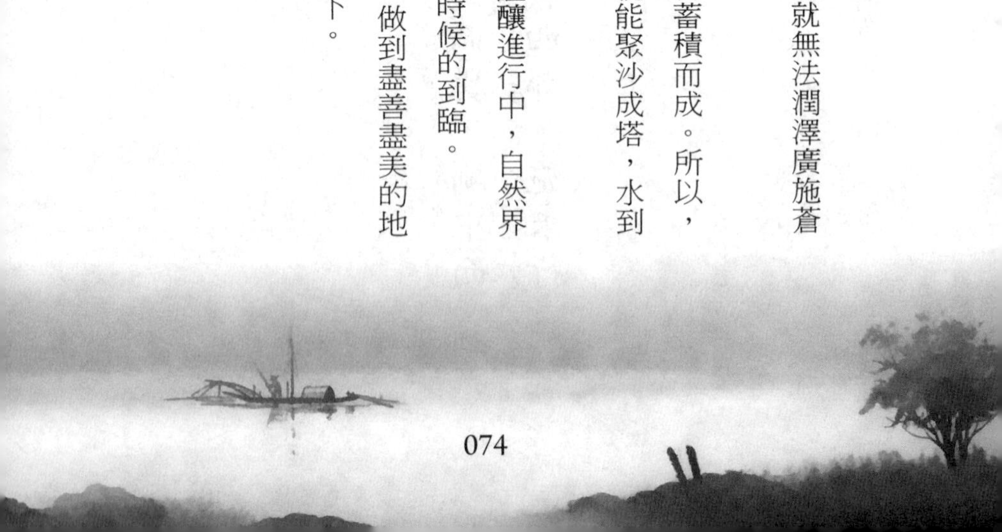

〔現代解析〕大自然有一定的循環規律，所以，人生行事不可太過剛猛過了頭，聰明人應該懂得及時止住，克己復禮，回到自性，順從自然的規律，走自己的路，一切順勢而為，做自己喜歡及專長拿手的事。從義理而言，是吉利的。

九二，牽復，吉。

象曰：牽復在中，亦不自失也。

〔現代解析〕遇到瓶頸阻礙或沒勁時，要與志同道合之人攜手合作，互相牽引，借力使力，一起回到正常的軌道，朝向正道而行，才不會迷失自己。

九三，輿說輻，夫妻反目。

象曰：夫妻反目，不能正室也。

〔現代解析〕 家庭不和諧，夫妻相互背離，就不能齊家。同理，企業體上下有隔閡，溝通不良，無法協調。就會像車身脫離了輪軸，便無法前進。若要突破目前的障礙，只有擺脫束縛，上下同心。

六四，有孚，血去惕出，无咎。

象曰：有孚惕出，上合志也。

〔現代解析〕 在突破小阻礙時，只要心誠又謙遜，自然會有應援，及信賴你的人會來幫助，就可以免去惶恐、顧慮及傷害。

九五，有孚攣如，富以其鄰。

象曰：有孚攣如，不獨富也。

〔現代解析〕領導者能誠信地與大家心手相連，緊密配合，同心協力，有福同享，良性的循環，會由小畜轉趨富有。

上九，既雨既處，尚德載；婦貞厲，月幾望；君子征凶。

象曰：既雨既處，德積載也；君子征凶，有所疑也。

〔現代解析〕蓄積到了一定的程度，就要小心謹慎，不可貪求無厭。月滿轉虧的道理，隨時要記住。

人所需要的不多，但想要的太多，夠用就好，宜適可而止。平時就要積德而行，福不可享盡。

當小人勢力強盛時，君子行事應有所遲疑，尤其在即將圓滿成功之前，不宜有大動作，謹防功虧一簣。

人情也要合乎倫常，倘若妻壓制夫，臣凌君，即使用心正當，也是危險。

履卦第十

䷉ 兌下 乾上

履虎尾，不咥人，亨。

彖曰：履，柔履剛也；說而應乎乾，是以履虎尾，不咥人，亨。剛中正，履帝位而不疚，光明也。

象曰：上天下澤，履；君子以辯上下，定民志。

【現代解析】做人應該以理與禮行事，遵守行為的規範與禮儀，不可違反法律規範與風俗習慣。倘若人人都能做得到，彼此就不會心生疑懼，自然可以通達。譬如跟隨在老虎後面走，你只要了解剛猛的虎性與懷著柔順沒有敵意，老虎與人都會有

感應，虎不咬人，當然亨通。

以柔順的態度去履行剛強而不容易之事，是本乎心悅以應和自然剛健之理。所以人格的修養在內，行為表徵在外，行事才會平安通達。

能夠有光明的德行，又秉持剛健、大中至正的精神來行事，而攀登成功大位，是不會有愧歉之疚的。因為有智慧的人居尊位，懂得收斂隱藏，才能避開危險。

從卦象來看，天在湖泊上，形成倒影，讓人喜悅去親近。象徵成功在前，但總是要去打拼實踐，要拼才會成功。既使拼了沒有成功，畢竟自己曾努力過，對得起自己也是亨通的。做為君子要知道上下尊卑應對的禮儀，和權利義務，做好自己的本分，方能引民從之，安定人民的心志。

初九，素履，往无咎。

象曰：素履之往，獨行願也。

〔現代解析〕剛出社會做事，應秉持平常心，安分守己。因為一切才剛開始，毋須考慮太多，只要獨守正道，履行自己的計畫與目標，就可以沒有災害。

九二，履道坦坦，幽人貞吉。

象曰：幽人貞吉，中不自亂也。

〔現代解析〕正人君子，心胸坦蕩蕩，擇善以固執，心不為外物所役，也不會亂了操守。不論賢達成功與否，皆不怨尤。如此堅守正道，是會吉祥的。心不自亂，心魔不生，外魔就不會進入。

六三，眇能視，跛能履，履虎尾，咥人，凶。武人為于大君。

象曰：眇能視，不足以有明也。跛能履，不足以與行也。咥人之凶，位不當也。武人為于大君，志剛也。

〔現代解析〕一個人不可以太過自信，自我膨脹，剛愎自用，以為只要有意志力就一定可以成功，強不能為能，就會像跛子能走卻走得不安穩，弱視者能視卻視不清楚，終於自不量力踩到虎尾而被咬傷。這是比喻有勇無謀之人，用力不用智，逞強剛暴，處事不當，應該要有人來引導他。

九四，履虎尾，愬愬，終吉。

象曰：愬愬終吉，志行也。

〔現代解析〕俗語說：「伴君如伴虎」，跟在老虎尾巴後面，要隨時保持高度警戒，也要有隨機應變的能力。有了危機意識才能實踐自己的志向。

九五，夬履，貞厲。

象曰：夬履貞厲，位正當也。

〔現代解析〕居高位之人，經常會受屬下恭維，歌功頌德，若因此而昏了頭，唯我獨尊，剛愎自用，不再接受諫言，武斷地處理事物，終會做錯決策。

上九，視履考祥，其旋元吉。

象曰：元吉在上，大有慶也。

〔現代解析〕履行的最後，要檢視所做的事，並考察是否吉祥，做一通盤性的檢討，過程中，是否都有依禮與理去執行應變。假如從開始到結束，都能這般做的話，最終必有大的福慶。

泰卦第十一

䷊

乾下　坤上

泰。小往大來，吉亨。

彖曰：泰，小往大來，吉亨。則是天地交而萬物通也，上下交而其志同也。內陽而外陰，內健而外順，內君子而外小人，君子道長，小人道消也。

象曰：天地交，泰，后以財成天地之道，輔相天地之宜，以左右民。

〔現代解析〕陰氣下降，陽氣上升，天地依自然規律運轉，萬物得以順利繁榮發展。

因為按季節與氣候，陰消陽長，陽消陰長，往來循環運行，萬物方能各得其所，自然安定通達又成功。

天地相交而萬物生長，君與臣心志相同，則意志就可以溝通理解。人與人能夠溝通，在於有包容的心與光明磊落坦蕩的胸懷。內在剛健、自信，存天理之正氣，對外又能柔順服從自然的規律。就可以在行事交際方面通達。

從卦象來看，內卦為乾卦，象徵君子，外卦為坤卦，象徵小人，君子將小人排斥於外，即是君子之道伸長，小人之道消退，這樣才能使社會安定舒泰。

古代君王，效法天地相交的精神，參贊天地，裁制天地陰陽消長循環的道理，來幫助調整人民的生活作息，並教化扶植人民。

初九，拔茅茹，以其彙，征吉。

象曰：拔茅征吉，志在外也。

〔現代解析〕 拔起茅草根，便可嗅出大地回春的感覺，推及萬物，也都互相傳遞大地回春的信息。此時植物往上生長，人們也要出外打拼，心志在於討征邪惡。

九二，包荒，用馮河；不遐遺，朋亡，得尚于中行。

象曰：包荒，得尚于中行，以光大也。

〔現代解析〕 在太平世，要有所作為，必須有包容八方的度量，廣招正義志同道合之士，以及勇於求變，不因循苟安、好逸惡勞，也不為私情托累，以大公無私的精神行之。

九三，无平不陂，无往不復；艱貞，无咎；勿恤其孚，于食有福。

象曰：无往不復，天地際也。

〔現代解析〕世上沒有永遠的太平日，路也是有顛簸不平的，海水也沒有平靜過。冬去春來，成往敗來，過往之事會再回來，歷史會再重演。這些本來就是事物發展的交替規律，用不著憂慮。如果遇到艱難，只要一本初衷，堅守正道，艱難終將會過去，又可回復到幸福快樂的日子，屢試不爽。

六四，翩翩，不富以其鄰，不戒以孚。

象曰：翩翩不富，皆失實也。不戒以孚，中心願也。

〔現代解析〕自然規律是那麼輕盈瀟灑般地，寒往則暑來，日往則月來，相約比鄰而來，永遠不用擔心，它是不會違約的。領導人應效法此一精神，本身不獨享富

貴，大大方方將財富施惠人民，施福培福，財散民聚，君臣上下皆能互信，人民打拼有收穫，政府取之人民當用之人民。

六五，帝乙歸妹，以祉元吉。

象曰：以祉元吉，中以行願也。

〔現代解析〕 殷帝乙嫁妹給周之諸侯，是為了從長計議，才能獲得幸福。做為領導者，要能謙虛又要顧全大局，把握中庸誠信原則，選賢與能，就會吉祥。

上六，城復于隍，勿用師，自邑告命，貞吝。

象曰：城復于隍，其命亂也。

〔現代解析〕 泰盛時期人們易耽於享樂，過頭了，則會荒廢德業。違背自然規律，便

沒有能力去做事業。猶如一個國家久處安樂，貪淫荒亂，違法亂紀，經濟蕭條，此時再興兵則必敗。即使引咎自責，也為時已晚。聰明人應了解自然的規律，泰極否來，當氣勢轉趨衰退時，要懂得持盈保泰，因勢利導，絕不可逞強，胡作非為，而亂了天命。

否卦第十二

䷋

坤下　乾上

否之匪人，不利君子貞，大往小來。

彖曰：否之匪人，不利君子貞，大往小來。則是天地不交而萬物不通也，上下不交而天下无邦也，內陰而外陽，內柔而外剛，內小人而外君子，小人道長，君子道消也。

象曰：天地不交，否；君子以儉德辟難，不可榮以祿。

〔現代解析〕在自然規律中，泰與否是互為因果的，否卦是阻塞、不通。否，不是人為的，而是自然運行整體環境結構造成的。在否卦時期，小人得勢，君子失勢，

小人當權在朝，君子被排除在外。此時，君子太講原則是不利的。

天地陰陽氣不相交不感應，則萬物就不能通暢舒坦，好比人們的心情受到大壓力，而感到窒息一般。有智慧的人會認識壓力的必然性，進而去處理對置它。

小人與壞人得勢時，君子宜權變存身以圖來日發展，此時不宜炫耀自己的才華，要節約儉樸過日子，不過度消費，也不妄求祿位，才能避免小人的陷害。

畢竟堵塞終將通暢，黑暗終將過去，這是陰陽消長的道理。耐心、包容、誠信是通過否卦的通行證。否極泰就會到來。

初六，拔茅茹，以其彙，貞吉，亨。

象曰：拔茅貞吉，志在君也。

〔現代解析〕 在秋天，拔起草根就可以嗅出秋冬即將到臨，因陽氣耗損，枝葉生長過了種子即將形成，此陽消陰長，是自然界的循環規律。人們只要配合天地生活作

息，就會吉祥亨通。

在人事上，小人即將得勢，君子應當團結同伴，防患未然，救亡圖存。

六二，包承，小人吉，大人否，亨。

象曰：大人否亨，不亂群也。

〔現代解析〕在否塞不通時期，是小人得勢了。只有謙虛才是自保之道。對君子而言是不利的，故不宜有傲氣，是為亂世生存之道也。

六三，包羞。

象曰：包羞，位不當也。

〔現代解析〕身處不利的環境中，若再行為不正，或包容羞恥的亂群行為，是十分可

恥的。

九四，有命，无咎，疇離祉。

象曰：有命无咎，志行也。

〔現代解析〕否塞時期已經有一段時間後，應該要因應時機，審時度勢，順應天命，執行自己的志向，排除小人，就不會有災咎。而且，還可以得到志同道合之士來依附。

九五，休否，大人吉。其亡其亡，繫于苞桑。

象曰：大人之吉，位正當也。

〔現代解析〕閉塞的環境已停止再惡化，惟有大人物才能肩負休否返泰的責任。此時

期，要掃除阻力千萬鬆懈不得，必須保持警戒之心，鞏固根本，要像桑樹的樹根盤繞般的穩固，以防備小人的反擊。

上九，傾否，先否後喜。

象曰：否終則傾，何可長也。

〔現代解析〕

閉塞不利的日子，終會走到盡頭。黑暗終將過去，黎明也將到來，這是自然規律互相有誠信約定的。所以處在困頓日子時，要有信心，否極泰來，它們也是相約的。既然已經是黑暗，白天還會很久嗎？首先，要渡過了黑暗、逆境，才能享受到陽光與順境的快意。

同人卦第十三

䷌ 離下 乾上

同人。于野，亨。利涉大川，利君子貞。

彖曰：同人，柔得位得中而應乎乾，曰同人。同人曰：同人于野，亨，利涉大川，乾行也。文明以健，中正而應，君子正也。唯君子為能通天下之志。

象曰：天與火，同人；君子以類族辨物。

〔現代解析〕 早期先民都是聚集在曠野，一起打獵、烤肉、慶祝、祭祀、開會，這是團隊精神的象徵。人與人之間的溝通，能夠彼此尊重，大家一起遵守共同的規

範，少數服從多數。為了大家的利益著想，團結一致，努力奮鬥，便是同人卦的卦象。其最終目標是要達到世界大同。

要與人同，要想進入他人的心，首先要摒棄自己的私心。秉持——「敬其所異，愛其所同」的原則，方能與人合群。但加入團體，必須要有所選擇，應該動機純正的合作，非同流合污共同去幹壞事。

從卦象來看，下卦「離」為火，象徵光明，與天的性質相同，即每一個生命都是光。君子應效法其精神，依「人以群分，物以類聚」，歸納出各族類的差異性，並尊重它，以及了解其間的共通性、互動性。用寬闊的胸懷對待萬物，尊重各類的發展空間，以達共存共榮為目標。

初九，同人于門，无咎。

象曰：出門同人，又誰咎也。

〔現代解析〕大家都能摒棄狹隘的門戶之見，走出自我，不分派別，認同別人，和平相處，就不會有什麼過失。

六二，同人于宗，吝。

象曰：同人于宗，吝道也。

〔現代解析〕在世界大同為理想的前提下，若只偏限於某一宗族或某一黨派族群的同人，就顯得格局太小，不足以提倡，所以才說是「吝道」也。

九三，伏戎于莽，升其高陵，三歲不興。

象曰：伏戎于莽，敵剛也；三歲不興，安行也。

〔現代解析〕與人和同要建立在道義的基礎上，若暗地裏佈置軍隊，儲存軍備，佔據

制高點，與鄰為敵。然後，又畏懼於敵人正義剛強，而不敢輕舉妄動。雖然相安無事，但長期的勞民傷財，準備攻打對方的資源耗損過大，以至於不能興旺。

九四，乘其墉，弗克攻，吉。

象曰：乘其墉，義弗克也；其吉，則困而反則也。

〔現代解析〕有能力登上城牆，卻不往前攻打消滅對方，改採守勢，這是仁義之師的表現，因為自己有自知之明，冤冤相報何時了，只要人不犯我，我就不犯人。採取守勢，為了大家和平共存，守住正義，才有更多談判的籌碼。

九五，同人，先號咷而後笑，大師克相遇。

象曰：同人之先，以中直也；大師相遇，言相克也。

〔現代解析〕為了主持正義，使大家能和平共處，開始時會有義憤填膺，苦於邪惡勢力的作梗。但必要用以戰來止戰時，不得已還是要用，終究正義會戰勝邪惡，得到天下同人，故有歡笑之象。

上九，同人于郊，无悔。

象曰：同人于郊，志未得也。

〔現代解析〕天下同人的目標，沒有辦法很快就能實現的，但至少大家有去努力，雖然無法做到大公無私的境界，但至少能夠踏出門戶之見，故說同人于郊。「郊」者介於「野」與「門」之間。換言之，長程目標雖未達成，但已達到中程目標，所以是沒有後悔。

大有卦第十四

乾下 離上

大有。元亨。

彖曰：大有，柔得尊位，大中，而上下應之，曰大有。其德剛健而文明，應乎天而時行，是以元亨。

象曰：火在天上，大有；君子以遏惡揚善，順天休命。

〔現代解析〕 前面一卦同人卦，接著其綜卦是大有卦，由此可知，同人即能盛大富有，偉大成功之意。大有之後更能促進同人。它們是互為因果的。

大有卦的上卦是離卦，下卦是乾卦，卦象是日昇高空，普照大地，使萬物生長，

自然會是一個豐收年。君子效法其精神，要像太陽般的無私奉獻，體恤萬民。做為領導者，要具備剛健的德行，又能依附天下人才。則上上下下的人就會和他呼應。

領導者除了本身的修為要博大中庸，並得人心以外，更重要的是要順應天命，依四季時序而為。亦即配合時機潮流，勿錯失機會，才能成功通達，盛大富有，完成上天美好的安排。

日正當中，邪惡便無所遁形，君子效此精神，管理統御者一方面要阻止邪惡勢力滋生，一方面要顯揚提倡善良行為，臻於至善至美的天地規律。

初九，无交害，匪咎，艱則无咎。

象曰：大有初九，无交害也。

〔現代解析〕 農作物要大豐收，是不可以違背傷害自然的法則與環境，勤勞又謹慎地配合自然規律，依廿四節氣，觀察天象播種耕耘，才不會有災害，方得以豐收。

由此可知，任何事業，創業惟艱，除了刻苦耐勞還要配合客觀的因素，才不致會有災咎。

九二，大車以載，有攸往，无咎。

象曰：大車以載，積中不敗也。

〔現代解析〕 有才德之人，目標與志向要遠大，不是僅求自己的溫飽，而要有兼善天下的胸懷，好比大車子有能力承載更大的貨物。卦象說：有能力之人要秉持剛柔並濟中庸之道，方能立不敗之地。

九三，公用享于天子，小人弗克。

象曰：公用享于天子，小人害也。

〔現代解析〕英明有智慧的領導者會禮賢下士，同時，有才德的人，因受上層的關愛，也會承擔責任與義務，呈獻給上層。但是一般的小人只顧私利，或只看近利，享權利，就無法做到應盡的義務。若領導者重用如此小人則會帶來禍害。

九四，匪其彭，无咎。

象曰：匪其彭，无咎，明辨晢也。

〔現代解析〕當達到盛大富有，而不會志得意滿，懂得謙遜，也能明辨君子與小人，以及了解主客觀環境情勢。換言之，在生存競爭中，如果能用智慧去明辨事務，又不驕其盛，明哲保身，自然沒有災咎。

六五，厥孚交如，威如，吉。

象曰：厥孚交如，信以發志也；威如之吉，易而无備也。

〔現代解析〕領導者能以誠信與屬下來結交，則當你擁有天下，就會散發出內在的威力。此即以柔剋剛，用誠信勝過剛勇之道也。有了誠信又有威儀去管理下屬，才能讓下屬自我約束，達到自我管理。一切都不用操心，推行起來是那麼地簡單而不費力。

上九，自天祐之，吉无不利。
象曰：大有上吉，自天祐也。

〔現代解析〕能夠達到大有，應該謙虛地感激上天的給予幫助。有今天的成就，也是因為履行自然的誠信規律，順從上天的意志，及重用賢才。能夠做到履信、思順、尚賢，上天自然會助你，吉無不利。

謙卦第十五

艮下　坤上

䷎

謙。亨，君子有終。

彖曰：謙亨。天道下濟而光明，地道卑而上行。天道虧盈而益謙，地道變盈而流謙，鬼神害盈而福謙，人道惡盈而好謙；謙尊而光，卑而不可踰，君子之終也。

象曰：地中有山，謙；君子以裒多益寡，稱物平施。

〔現代解析〕人應該效法天地的慈悲及謙卑，能以謙卑之心來處世，就能亨通成功。

謙卑的態度是要始終如一，才是真謙虛，而非為了某種目的，暫時扮演謙卑。如

是，是謀略而非真謙虛，就不會有好結果。那是小人的行為。

天道的法則，陽氣下降而與萬物相濟，周濟萬物，使得以光明。地道的法則，是陰氣上升，向上升長提升。天道的規律，如月滿則虧，月虛則盈，是虧損盈滿來增益其謙卑。地道的規律，是變化盈滿使趨向謙下。像河流，水滿則往下流。但鬼神之道，則討厭盈滿，福祐謙卑者。做人之道，都是厭惡自滿之人，而喜好謙虛之人。

有能力又謙卑之人，反而更顯得尊貴，會受人讚賞擁戴。謙卑並非是要違背原則，而是不自滿、不自足地去追求超越。

卦象是外坤內艮，即外表柔順，內在深涵、穩重、寧靜，也可說，謙卑中有高貴之氣質。君子效此精神，拿捏謙卑恰到好處。為政者，為求均富，以納稅之不同稅率，達到劫富濟貧。

初六，謙謙君子，用涉大川，吉。

象曰：謙謙君子，卑以自牧也。

〔現代解析〕有才德之人，如能以謙卑之道約束自己，做為行為準則，就可以大膽施展抱負，一定會吉祥的。

六二，鳴謙，貞吉。

象曰：鳴謙貞吉，中心得也。

〔現代解析〕能夠一直都堅守著謙道，就可以讓大家有目共睹而認同共鳴。因謙德是蘊於中而現於外。得到好的名聲，人緣一定佳，就有助於事業發展，肯定是吉利的。

九三，勞謙，君子有終，吉。

象曰：勞謙君子，萬民服也。

〔現代解析〕做到功成而弗居，有了功勞及才能，還能夠不居功，謙卑地對人，同時依然敬業，孜孜不倦，就能得到群眾的信賴。如此始終一貫的作風，是真正謙虛，必定吉祥。

六四，无不利，撝謙。

象曰：无不利，撝謙，不違則也。

〔現代解析〕謙虛是一種美德，要讓美德發揮出來，才能有效益。但不可以違背人性及自然的法則。總之，應該適時適度的將謙虛的美德發揮出來，如此就能夠無往不利。

六五，不富以其鄰，利用侵伐，无不利。

象曰：利用侵伐，征不服也。

〔現代解析〕為政者，應知道利用財散則民聚的道理。福報與人民共享，以德服人，懷柔政策。以謙道治國，又不喪失尊嚴，可以去征服暴道之國。因為人民唾棄暴君，會來歸順於你。

上六，鳴謙，利用行師，征邑國。

象曰：鳴謙，志未得也；可用行師，征邑國也。

〔現代解析〕謙德能夠得到共鳴，聲望就可提升。此時，可以乘勝造勢，出兵討伐叛亂份子及流氓國家。擴張版圖成就自己。在企業體而言，首先應建立良好的聲譽形象，爾後，才能併吞其他不良的公司。事實上，謙道是依憑能力、才華、功績，來創造利益。捨之，則落入空談。

豫卦第十六

坤下　震上

䷏

豫。利建侯行師。

彖曰：豫，剛應而志行，順以動，豫。豫，順以動，故天地如之，而況建侯行師乎？天地以順動，故日月不過而四時不忒；聖人以順動，則刑罰清而民服。豫之時義大矣哉！

象曰：雷出地奮，豫；先王以作樂崇德，殷薦之上帝，以配祖考。

〔現代解析〕 中庸：「凡事豫則立，不豫則廢，」不論是創業或軍事行動，先前的準備工作是否周全，是成敗的主要因素。有了充分的準備，就要抓住機會，採取行動，付諸實行，達到成功之後，就會帶來無比的喜悅。否則將陷入憂慮不實際的論談。

順應時機，按照規矩，謀定而後動，才能事半功倍。因為天地都是如此順著宇宙規律在運作，所以日月的運行不會有過失，春夏秋冬四時的更替也不會有偏差。聖人效法此精神，行動必應天順人。例如夜息日作，且恩威並施，刑罰分明，讓人民心服口服。

依卦象而言，下坤、上震，喻以愉快的心情去行動，做事情都比較容易成功。又動而順行，是該出手時才出手。不可盲目行動，要有事先考慮後方可行動。

雷電是出自地上而升上天，象徵天地陰陽交樂而發轟隆聲共鳴之。於是，聖王因而創造制作音樂，讚頌盛德，用以祭拜上天與祖先，達到人神共悅。用音樂來助興。

初六，鳴豫，凶。

象曰：初六鳴豫，志窮凶也。

〔現代解析〕事情尚未執行或明朗化時，不可沈溺於成功的幻想中，自鳴得意，將所有計畫宣揚出去，就會遭致凶災失敗。

六二，介于石，不終日，貞吉。

象曰：不終日貞吉，以中正也。

〔現代解析〕一個人的行為情緒要學習像石頭般的穩重、沈默。喜怒不輕易形於色，做事始終堅守原則與操守，腦筋隨時保持清醒狀態，歡樂時不會得意忘形。就會吉祥。

六三，盱豫，悔；遲，有悔。

象曰：盱豫有悔，位不當也。

〔現代解析〕本身因所處的環境地位關係，不得不仰望他人的富貴，或一味迎合他人換來一時的歡樂，那只是短暫的。若能及時覺悟，雖然太遲了，但能吸取這次的教訓，應該做好準備工夫，等待下次機會到來，不可再猶豫觀望。

九四，由豫，大有得；勿疑，朋盍簪。

象曰：由豫，大有得，志大行也。

〔現代解析〕經過周密的考慮準備過程後，得到朋友的認同與信任，彼此皆因你的真誠，而志同道合歡聚一起，共同來開創大業。就像髮簪能將頭髮聚合束在一起。朋友都以你為中心靠攏過來。

六五，貞疾，恆不死。

象曰：六五貞疾，乘剛也；恆不死，中未亡也。

〔現代解析〕 柔弱的領導者，卻有專權的部下，雖然功成享安樂，但總是會有隱憂。領導者只要意志堅定，動機純正，允執厥中行中庸之道，樂而不忘憂，才可以永保其位。

上六，冥豫，成有渝，无咎。

象曰：冥豫在上，何可長也。

〔現代解析〕 若能明白事物發展的規律，不要愚昧地沈迷於極端享樂，或過分杞人憂天，領悟成功也會轉為失敗，失敗也會變成功，所有的變化有好的一面也可能有壞的一面，只要有準備又懂得順著自然規律以動，就不會有災咎。

隨卦第十七

䷐ 震下 兌上

隨。元亨，利貞。无咎。

彖曰：隨，剛來而下柔，動而說，隨。大亨貞，无咎，而天下隨時。隨時之義大矣哉！

象曰：澤中有雷，隨；君子以嚮晦入宴息。

〔現代解析〕能夠虛心隨和著他人，不固執己見又不違背原則，隨著自己的立場與本性，不做作地堅守正道去做應該做的事，才不會有過失。

追隨應該配合時間、潮流、風尚、人物、事物、心境。時間的配合尤其重要，要

依自然界的四季時序、寒暑更迭規律，隨時以因應變化。

追隨人物也要跟對人，要像向日葵般永遠追隨光明的太陽，所以我們也一樣要跟隨正人君子及有力人士，但絕對不可同流合污。

「識時務者為俊傑」、「良禽擇木而棲」、「良臣擇主而事」。以上所言，皆是追隨他人應有的原則，把握追隨的時機，君子當道時則宜仕，小人當道時則宜隱。

其實大道理都在平易自然中，例如日起日落，人們就日出而作，日入而息。作息隨之以時，生生不息，息亦是生之始。再者，隨著太陽下山，就不該將煩惱憂愁帶入夢鄉，應隨之而棄，明天又是新希望的開始。

初九，官有渝，貞吉；出門交有功。

象曰：官有渝，從正吉也；出門交有功，不失也。

〔現代解析〕官場中或公司中，總是會有主流派與非主流派，或派系的消長。對於跟

隨者，最好是不要蹚渾水，跳出是非爭鬥的圈子，緊守著正道，站穩自己的位置，就會有機會跟對人。

六二，係小子，失丈夫。

象曰：係小子，弗兼與也。

〔現代解析〕不可因一時的近利而追隨錯誤的人、事、物，而因小失大。或捨本逐末，或想要腳踏兩條船，都是不智的跟隨。

六三，係丈夫，失小子。隨有求得，利居貞。

象曰：係丈夫，志舍下也。

〔現代解析〕只要動機純正去追隨可靠又有實權的人士，就可以捨棄舊有的牽絆，能

安心盡本分，必有所得。

同理，只要選對行業，就要專注敬業本職，捨棄其他也想要的東西，不再浪費精力在其他事物上，才會有所成就。否則，變成樣樣通，樣樣鬆。

九四，隨有獲，貞凶。有孚在道，以明，何咎？

象曰：隨有獲，其義凶也。有孚在道，明功也。

〔現代解析〕跟隨者要懂得進退之道，明白伴君如伴虎，不可得不當之得，應表明心志，竭誠盡忠，安守本分，不貪得無厭，明哲保身，才不會有災害。

九五，孚于嘉，吉。

象曰：孚于嘉，吉，位正中也。

〔現代解析〕領導者應該以嘉言善行的事例，跟群眾講清楚，說明白，自然可以得到群眾的信服。因領導者本身行得正，又能夠隨天道的法則行事，做到盡善盡美，肯定是大吉利的。

上六，拘係之，乃從；維之，王用亨于西山。

象曰：拘係之，上窮也。

〔現代解析〕對於高人隱士，往往不會隨俗追隨他人，做為領導者就要以真誠、誠意之心對待高人隱士，用以牽繫他們來追隨，達到團結一致。如同以無比虔誠之心來祭拜神靈，迎請他們來共襄盛舉。

蠱卦第十八

䷑

巽下　艮上

蠱。元亨，利涉大川。先甲三日，後甲三日。

彖曰：蠱，剛上而柔下，巽而止，蠱。蠱，元亨而天下治也。利涉大川，往有事也。先甲三日，後甲三日，終則有始，天行也。

象曰：山下有風，蠱；君子以振民育德。

〔現代解析〕　蠱卦的前一卦是隨卦，因跟隨太久後，就容易產生積習難改的弊端。長期的積弊，蠱卦就是整頓革新的時候到了。這也是順應天道發展規律，事物腐

敗，有事端就得處理整治。腐敗才不致惡化，也是新的局面即將開始。有整飾的開始，才能亨通。

但要整頓革新，總是會有既得利益者的阻礙，需要有冒險果決的勇氣，以及掌握恰當時機，順應天命、民意、潮流，行動前後要謹慎小心。

舉凡一個國家、公司、團體、個人經過一段時間，形成茶壺內的風暴，開始從內部產生惡習、麻煩事而腐敗、迷惑、失控，甚至個人身體健康或汽車用品也是一樣，有了毛病就需要整治，如此才能繼續運作。

卦象是山下有風，形成旋風，君子效法此精神，蔚為風氣的前提，推動教化，培育道德修養，激勵人民的志節，建立自己的德望，讓人民信服，達成以德治理天下。

初六，幹父之蠱，有子，考无咎，厲，終吉。

象曰：幹父之蠱，意承考也。

〔現代解析〕 經過一段時期的自然發展變化，先前留下來的問題弊端，已明顯浮上檯面，必須要趕緊地果斷去處理整頓，才會得到吉祥。事業要永續經營，不應歸罪前人，而不予處理。

九二，幹母之蠱，不可貞。

象曰：幹母之蠱，得中道也。

〔現代解析〕 整頓弊端，不可要求過度，行動太激烈，或不考慮情面。應該情、理、法兼顧，採取中庸的原則。特別是處理陰柔不正的領導者所交辦的問題。

九三，幹父之蠱，小有悔，无大咎。

象曰：幹父之蠱，終无咎也。

〔現代解析〕整頓事業體，宜按部就班，不可操之太急，力求表現，招致反對勢力的阻礙，可能會生懊悔。例如企業第二代，剛接棒管理經驗不足。還好，所做所為都是為了團體，為了事業體能長期生存。所以不會有很大的災咎。

六四，裕父之蠱，往，見吝。

象曰：裕父之蠱，往未得也。

〔現代解析〕有心要改革整頓前人留下來的弊端，就應該要有魄力、徹底地去做，若還是採取寬容縱容態度，姑息養奸太柔弱的手段，結果不僅整頓無成，反而還會自取其辱。

六五，幹父之蠱，用譽。

象曰：幹父之蠱，用譽，承以德也。

〔現代解析〕經營治理一個事業體，要懂得利用企業本身的價值文化，打著承繼事業體原本的信譽招牌，用來整頓問題及培育後進方得以重建聲望。

上九，不事王侯，高尚其事。

象曰：不事王侯，志可則也。

〔現代解析〕不經一事，不長一智，有智慧的人，會記取先前的教訓，不再重複積弊。今日的我，已今非昔比，活出自信，做自己的主人，幹自己的事業。

臨卦第十九

䷒

兌下　坤上

臨。元亨，利貞。至于八月有凶。

彖曰：臨，剛浸而長，說而順，剛中而應，大亨以正，天之道也。至于八月有凶，消不久也。

象曰：澤上有地，臨；君子以教思无窮，容保民无疆。

〔現代解析〕　臨卦是領導統御的藝術。有統治、治理、監督之意。

古代君王，能夠治好水患，就可治理國家，而國泰民安。由水患的治理，領悟到處理事務要有防患未然的準備。天道的原則，陽氣與陰氣是互為消長的，君子道消，

小人道長，所以不可不事先預防，警惕自己。

卦象是愉快的順從，肯定是亨通的，只要堅守正道，就會得利。關鍵在於要及時把握機會，因機會稍縱即逝，機會一過，時空不一樣，就不見得有利。至於八月有凶，就是說，臨卦本來是值十二月（丑月）的卦，陽氣上升，到了八月是觀卦輪值，反而是陰氣上升了。所以時空已轉變，可能物是人非，也有可能事情已變卦了。由此可知，當事情迫切的來臨，就應該及時處理。

君子效法地在澤上的精神，從居高臨下治理水患的教訓，用來教化人民，啟發其潛能，防患未然，以確保人民能過得更好，國家能長治久安。

初九，咸臨，貞吉。

象曰：咸臨貞吉，志行正也。

〔現代解析〕 做為領導者，本身要行得正，部屬才會因而受到感召而願意配合你的指

揮。另一方面，做為部屬，正大光明的表現，才能夠獲得上司的信任。這是上下有相互感應，能對上眼，自然吉祥。

九二，咸臨，吉，无不利。

象曰：咸臨，吉无不利，未順命也。

〔現代解析〕對於一位有魄力，想要有作為的領導者而言，若尚未得到大眾的衷心服從時，除了本身行得正以外，還要以行事剛毅果決的德威來感召，這樣做就不會有任何不利。

六三，甘臨，无攸利。既憂之，无咎。

象曰：甘臨，位不當也；既憂之，咎不長也。

〔現代解析〕做為領導者，不可口惠不實，經常亂開支票，而沒有兌現。或構想與執行落差太大。這種領導作風，是不會有利的，終將被識破，而不再被相信。若能及時覺悟引以為戒，有擔憂而改之，災咎才不會太長久。

六四，至臨，无咎。

象曰：至臨无咎，位當也。

〔現代解析〕領導者要能做到真正親自掌理政務，不可坐居幕後垂簾聽政。才能得到最真實的資料，並能舉用賢才，就不會有災咎。

六五，知臨，大君之宜，吉。

象曰：大君之宜，行中之謂也。

〔現代解析〕領導者要能以智慧臨治屬下，知人善用，建立優秀的團隊，不需要凡事必躬親。但臨到決策制定時要顧全大局，以不離中庸原則，做權宜處理。這才是最睿智適宜的領導藝術，必定吉祥。

上六，敦臨，吉，无咎。

象曰：敦臨之吉，志在內也。

〔現代解析〕領導者要有敦厚的德行，對下屬要寬厚，不宜苛薄。能夠維持安定，並得到大家的愛戴，就會吉祥成功。但行敦厚仁道，還是要依心中的那一把尺，宜謹慎得體，才不會有災害。

觀卦第二十

坤下　巽上

觀。盥而不薦，有孚顒若。

彖曰：大觀在上，順而巽，中正以觀天下。觀，盥而不薦，有孚顒若，下觀而化也。觀天之神道，而四時不忒；聖人以神道設教，而天下服矣。

象曰：風行地上，觀；先王以省方，觀民設教。

〔現代解析〕 觀看祭祀時迎請神明降臨的儀式，唸疏文，灑酒於地，奏音樂等是多麼肅穆莊嚴，會令觀看的人肅然起敬，由衷仰慕。同理，在上位者若具備盛德修

養，言行舉止端莊得體，令人望之儼然。就會讓在下位者真誠地景仰。至於請神過後的常有獻供儀式，就不會那麼懾心震撼了。同理，沒有特別德行的人，也就不會令人佩服的。

有德行的領導者，以其中正的德行，讓在下位者都能看得到，在下位者也因此會被感化而順從。

觀看天道自然的規律，春夏秋冬四時運行，都不會有差錯，聖人效法天道有秩序規律的精神，教化民眾，制定規矩賞罰分明讓人民遵守，則人民自然信服。

從卦象來看，風行於地上，象徵在上位者宜下鄉巡視，全國走透透，觀察各地特別的風俗民情，然後依不同地區、時期、及需要來設立教化，或移其風，變其俗，做到最適當的教化。

初六，童觀，小人无咎，君子吝。

象曰：初六童觀，小人道也。

〔現代解析〕對於初入社會的基層人員而言，因所涉世面不廣，淺見短視難免，還沒有多大關係，但若居高位者還是依然不能高瞻宏觀的話，就會受到羞辱。

六二，闚觀，利女貞。

象曰：闚觀女貞，亦可醜也。

〔現代解析〕俗語說：「門縫裏看人，看扁了！」比喻見解有侷限性，若是在下位者，雖然觀點有偏狹，但只要安分守己，堅守崗位，似女人之貞，還是有利的。只不過畢竟還是不應該持闚觀的態度。

六三，觀我生，進退。

象曰：觀我生進退，未失道也。

〔現代解析〕 人貴自知，要能知道自己的條件，與所處的環境，人生何時進與退，應該要有主見，並拿捏得準而恰當，才是正確的作法。

六四，觀國之光，利用賓于王。

象曰：觀國之光，尚賓也。

〔現代解析〕 觀察一個國家、地區的風俗民情或建設規劃，就可以知道其領導者的能力，而作為自己是否要出仕，來貢獻自己的才華。

同理，觀看一個公司的企業文化，也可以知道其領導者的德行能力，自己決定是否加入該公司任職。

九五，觀我生，君子，无咎。

象曰：觀我生，觀民也。

〔現代解析〕領導者宜觀察人民的生活、民風、治安、經濟等狀況，當作一面鏡子，來反省觀照自己，做為行事的參考，是否有哪裏做得不夠好，或人民還有哪些期待，這樣才不會有災害。

上九，觀其生，君子，无咎。

象曰：觀其生，志未平也。

〔現代解析〕對於在上位者而言，應該時時觀察人民及屬下的狀況，不宜自滿，總是希望能做得更多、更好。但也要了解萬物生生不息的道理，人生也要世代交替，雖有壯志未酬、意猶未盡之憾，但該下台交棒時，還是要瀟灑豁達些。

噬嗑卦第二十一

䷔

震下　離上

噬嗑。亨，利用獄。

彖曰：頤中有物，曰噬嗑。噬嗑而亨，剛柔分，動而明，雷電合而章。柔得中而上行，雖不當位，利用獄也。

象曰：雷電，噬嗑；先王以明罰勑法。

〔現代解析〕 噬嗑卦是由頤卦的第四爻陰爻變為陽爻而成的。頤卦之卦象猶如嘴巴張開，噬嗑卦之卦象猶如嘴巴中間有一硬物，必須咬破，上下顎就能合起來。卦義就是處理阻隔的事情，搬開絆腳石之類的阻礙物，或除去心中的芥蒂，使事情通

暢起來，事端平息下來。

處理事情宜明快果決迅速，才能收到彰顯的效果。建立法治權威，約法從嚴，法官執法如山，明察秋毫，賞罰分明，勿枉勿縱。下斷判決時，更要面面俱到，允執厥中，如能以陰柔之德性來解決爭訟之事，則天下治矣！

在人事交往過程中，為了要政通人和，首先要考慮到個別差異，及整體考量分析，再做判斷，絕不可剛愎自用，才能解決人事上的紛爭隔閡及排除障礙因素。

初九，屨校滅趾，无咎。

象曰：屨校滅趾，不行也。

〔現代解析〕 對於犯小錯者及初犯者，只要不是罪大惡極，或危害很嚴重的話，為了要有警戒作用，宜給予適當的懲罰是必需的，目的在防微杜漸，讓其反省，避免繼續再犯更大的過錯或使事態擴大。要做到不寬容也不縱容。

六二，噬膚滅鼻，无咎。

象曰：噬膚滅鼻，乘剛也。

〔現代解析〕治理犯刑稍重的頑劣份子，應該要用稍重一些的懲罰，讓犯罪者有切膚之痛，以警傚尤，否則會破壞整體制度。

六三，噬腊肉，遇毒，小吝，无咎。

象曰：遇毒，位不當也。

〔現代解析〕遇到久懸未決，積弊已久之事物，令人有麻煩棘手難以處理之感，但只要循序漸進，按部就班，重新理出頭緒，還是可以解決的。

九四，噬乾胏，得金矢，利艱貞，吉。

象曰：利艱貞，吉，未光也。

〔現代解析〕處理棘手困難的案子，又尚未有任何線索及資訊。猶如吃硬繃繃的肉乾，此時需要用剛正又強勢的作風去解決，雖然困難，但還是要有信心，不可放棄。雖然手段上有些強烈，但最後還是吉的。

六五，噬乾肉，得黃金，貞厲，无咎。

象曰：貞厲，无咎，得當也。

〔現代解析〕用要咬斷風乾的硬肉乾，來比喻要處理更困難的案子，和排除阻礙的因素。更需要以堅定又合乎中道的處理方法，雖然有些艱難危險，因刑罰得當，最

後是沒有災咎的。

上九，何校滅耳，凶。

象曰：何校滅耳，聰不明也。

〔現代解析〕不聽勸告，一意孤行，缺乏誠意，心中存有芥蒂，剛愎自用，不管是罪大惡極的惡徒，或在上位有權力的人，最後必遭到大凶的下場。若人能對任何事物「放下」、「心無恚礙」，人生應該是會美好的。

賁卦第二十二

☶☲

離下 艮上

賁。亨，小利有攸往。

彖曰：賁，亨，柔來而文剛，故亨；分剛上而文柔，故小利有攸往；天文也；文明以止，人文也。觀乎天文，以察時變；觀乎人文，以化成天下。

象曰：山下有火，賁。君子以明庶政，无敢折獄。

【現代解析】 從卦名之義來說，賁，是為修飾、裝扮、點綴、粉飾、掩飾、偽裝、文宣、文飾、裝潢、美化等義。

俗話說：「佛要金裝，人要衣裳」，打扮化妝是一種禮貌，人類的文明是懂得穿衣、及有禮儀規範等文化典章制度。但過度的裝飾，只注重浮華外表，不注重內涵，文過其飾，本末倒置，文勝於質，都必須要抑制的。適度的打扮、裝飾得宜，更能凸顯推銷自己的才華，增進人際關係，形象佳比較能獲得成功機會。例如聰慧的女孩，再加上輕抹淡妝，就更美了。裝飾要配合自己的身分、地位、環境及時令才會顯得自然和諧。內外要兼修，美麗的外表只有小利而已，品德、務實、實力要並重。否則過分裝飾，終究會被討厭的。

至於法律判決書及合約書，就不須要像文學作品般的文采文飾一番，應是明確又嚴謹地依法、依證據書寫判文。還有，合約書更不可利用矯飾之辭來隱藏實情。

初九，賁其趾，舍車而徒。

象曰：舍車而徒，義弗乘也。

〔現代解析〕 做人要安分守己，安步以當車，不做非分之得，不貪求不該得的財富與祿位。在古代的社會禮制上，老百姓是不可以乘坐車子的。以現代而言，隨扈應跟在禮車旁徒步而行，表示主從關係。

另一層意義，比喻想要表現自己的健行能力，寧願捨棄車子不坐，愚笨至極，是個捨本逐末之人，也可說是抓不到要領來表現打扮自己。因為只注重自己的腳力或所穿的鞋子。忽略了可以利用更有效率的車子來代步。節省能源來做更有意義的事。

六二，賁其須。

象曰：賁其須，與上興也。

〔現代解析〕 培養自己的實力，等待機會追隨有力的上司，就可以被提拔，達到一起被提升、成功的目的。

就爻辭字面上言，臉上的鬚是依附在腮頤上，腮幫子一動，就會牽引著鬚也跟著

動。所以裝飾鬚是等待跟著面腮一起連動興旺起來。

九三，賁如，濡如，永貞吉。

象曰：永貞之吉，終莫之陵也。

〔現代解析〕一個人的內在美會散發於外，如同身體健康的人，皮膚氣色也都光彩潤澤。只靠粉妝打扮，是不能持久的。有內涵及德智雙美之人，文質彬彬，溫文儒雅，又能持久堅守正道，人際關係必佳，是不會被凌辱的。

六四，賁如，皤如。白馬翰如，匪寇，婚媾。

象曰：六四，當位疑也，匪寇婚媾，終无尤也。

〔現代解析〕做事應持合理的懷疑態度。對於太過分的裝飾，難免會讓人起疑，宜小

心求證之。

從爻辭字面上而言，形容一個女人，正在考慮猶豫倒底要怎麼打扮自己，是用一般的打扮呢？還是簡單樸素一點的打扮？或是艷麗的打扮呢？還好，反正對方是來求婚的，不是壞人，不管哪一種打扮都無所謂。只要依自己喜歡，以何種妝扮示現給對方都可以。

六五，賁於丘園，束帛戔戔，吝，終吉。

象曰：六五之吉，有喜也。

〔現代解析〕自然美是最美的，四時春夏秋冬各有其內在含蓄之美。大自然如此，人生亦如是。年輕、老年不同歲月都有其可愛而美的地方，不須刻意去化妝。人事往來，純真自然，可以少掉一些繁文縟節，雖然感覺上有些不好意思或小氣什麼的，其實都是無所謂的。

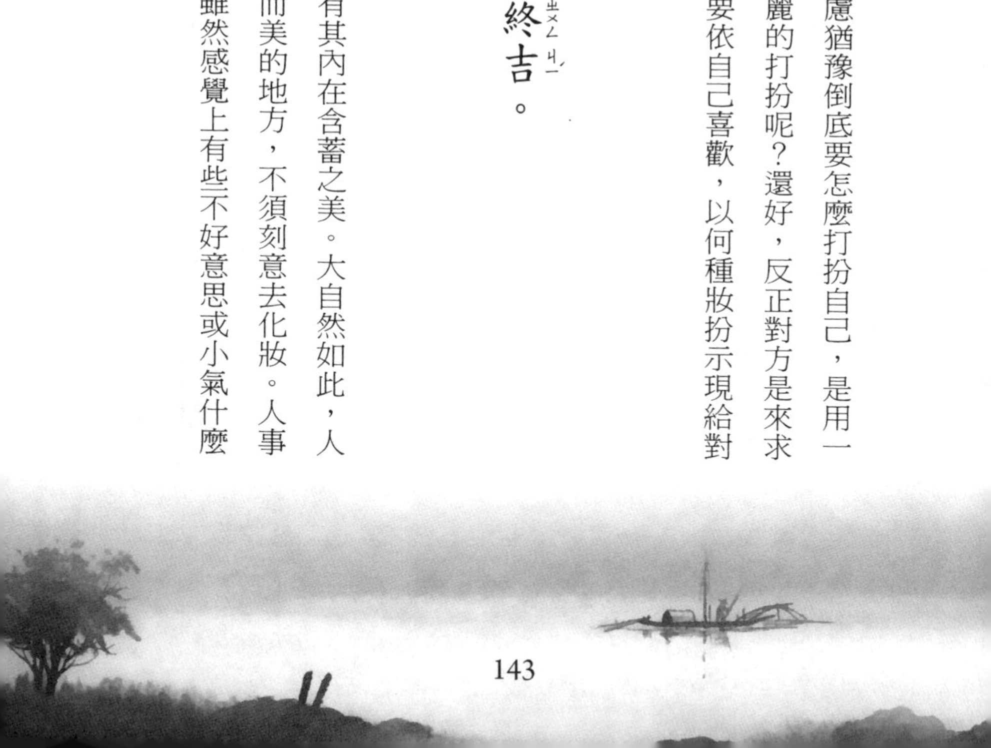

另一層意義，是指在上位的人能禮賢下士，三顧茅廬拜訪隱士達人的精神，雖只備薄禮，但仁義重也夠了。又如同男女戀人送禮，要量力而為，心意到了，就會讓對方喜悅。

上九，賁，无咎。

象曰：白賁无咎，上得志也。

〔現代解析〕德智雙修，返璞歸真，追求心靈的美，比外表的美更重要。以內在美、樸實、高尚的德性來修飾。就是保持本來真誠之心，務實、踏實，追求真善美的人生。

另一層意義而言，倘若一個人已修養到聖人境界，或再次一層級而言，某人已在其專業領域，稱得上大師級的達人，或功成名就的人士，其實也不用再打扮宣傳自己，大家已經都能認識他並肯定他的成就了。

剝卦第二十三

䷖

坤下　艮上

剝。不利有攸往

彖曰：剝，剝也，柔變剛也。不利有攸往，小人長也。順而止之，觀象也。君子尚消息盈虛，天行也。

象曰：山附於地，剝；上以厚下安宅。

〔現代解析〕 剝，有剝落、剝蝕、剝奪、剝裂、剝離、剝爛之意，如卦之形象，上卦為山高出地面，受風水雨蝕而剝落。或指事物經過文采修飾，日久剝落掉漆變色一樣。

剝卦在消息卦是九月的卦，值秋天葉落肅殺之氣，陰盛陽衰，意指君子道消勢孤，小人道長當道，社會處在混亂之際，邪惡勝過正義，忠臣易為小人所害。此時，君子應知明哲保身，不宜貿然前進，宜放低身段，待時而發，建立功業。此乃效法天體運行的消息盈虛的規律，以及萬物生滅榮枯成住壞空的自然法則，做為人事行誼的依循。

值此之際，在上位者，更應該懂得如書云：「民為邦本，本固邦寧。」。要加惠於人民，促進經濟繁榮，民生富足，安居樂業，自然地位才會保得住。

管理階層而言，則宜做好與下層的互動關係，尊重下屬，找出向心力剝離的原因。亡羊補牢，才不至於眾叛親離。

初六，剝床以足，蔑，貞凶。

象曰：剝床以足，以滅下也。

〔現代解析〕初六為陰爻居陽位，又無對應，表示小人入侵到內部，邪惡勢力已從根本剝蝕，是危害災難的開始。有凶兆之象，主政者宜找出問題的根本原因，不宜任用小人，輕視正直之道，同流合污。不然，就會如爻辭所言，用自己的腳去踢垮床腳，根基被輕蔑毀壞，當然是凶了。

六二，剝床以辨，蔑，貞凶。

象曰：剝床以辨，未有與也。

〔現代解析〕床身或床墊與床腳分開了，象徵內部組織被小人破壞瓦解，人事疏離，互動不良，背離正道，失道寡助。也可以說，小人伎倆被識破，沒有人要和他交往了。

六三，剝之，无咎。

象曰：剝之无咎，失上下也。

〔現代解析〕小人為非作歹的惡行惡狀已經浮上檯面，組織內的弊端也暴露出來，在上位者已不再信任小人，同時小人也失去了人心。剝離的現象就到此為止。事態不再繼續惡化，也就無咎了。例如貪官污吏，最後不僅失去上面的信任，同時還會遭到人民的唾棄。

六四，剝床以膚，凶。

象曰：剝床以膚，切近災也。

〔現代解析〕災難即將臨身，迫切性需要採取保護措施，防止小人得逞，以及邪惡勢力入侵組織。能夠做到防患於未然，就可無咎。

六五，貫魚以宮人寵，无不利。

象曰：以宮人寵，終无尤也。

〔現代解析〕對於喜歡爭名奪利的小人，表面上予以敷衍而順其意，實際上將他們全部軟禁起來。如同古代嬪妃爭寵時，英明的君王則保持自己的立場，雖然都寵幸所有宮女，讓她們來伺候，但愛是有分寸，絕不讓宮女們有權力參政。所以最終是無不利的。

上九，碩果不食，君子得輿，小人剝廬。

象曰：君子得輿，民所載也；小人剝廬，終不可用也。

〔現代解析〕小人雖然猖狂，但終究無福消受大的果實，不可能把國家利益整盤端去吃。由於小人的野心及貪婪本性，非把天下搞得天翻地覆不罷休。最後邪不勝正，絕大多數人民都不再被玩弄了。小人終將自食惡果，連自己的房子都被自己剝落毀掉，而無立錐之地。反之，「道不孤，必有鄰」，君子守住正道，最後必能得到人民的擁戴。

復卦第二十四

䷗ 震下 坤上

復。亨，出入无疾，朋來无咎。反復其道，七日來復，利有攸往。

彖曰：復，亨，剛反，動而以順行，是以出入无疾，朋來无咎。反復其道，七日來復，天行也。利有攸往，剛長也。復，其見天地之心乎？

象曰：雷在地中，復；先王以至日閉關，商旅不行，后不省方。

〔現代解析〕 復卦是君子之道，正義之氣來到了，是時來運轉之兆。陰陽氣都會去而復返，此乃天地運行的規律，例如日夜轉換、月盈月虛、潮汐漲退、四時寒暑、生老病死、吉凶悔吝、一治一亂、無有互生。這些都是週期性的變化，不會互相妨礙，甚至變化過程也是急不來的。

陽氣既然已經開始回復了，接著更多的陽氣也會來到，所謂「道不孤，必有鄰」。所以只要有信心，成功有望。只是陽氣剛回復，根基稍弱，不宜太急迫行動，欲速則不達，應穩健地，緩進地來回復其道。

行動要順應天理與人心，志同道合之士自然會來共襄盛舉。

天地循環不息，萬物生生不息，是為造化之功德。吾人不可因一時的失意而喪志，日子還長得很，用不著愁。好日子還是會再到來。應視所有艱難險阻，是用來磨鍊我們的心志。考驗我們的修行。

邵子曰：「冬至子之半，天心無改移，一陽初動處，萬物未生時。」天地也像人一樣有一呼一吸。「人天合一」，人要配合天地之呼吸。天地在一呼一吸之間的「息」，即是一陽初動處。人們是需要休息的。周朝的過年是在冬至，全國休息放假，

不上班，禁獵，禁撈，商旅不往來。君王也不巡察地方，謹慎地靜待著大地回春。人與大自然互動、和諧共存。生活步調配合廿四節氣的規律，週而復始。老子曰：「反者道之動也。」

初九，不遠復，无祇悔，元吉。

象曰：不遠之復，以修身也。

〔現代解析〕 犯了過錯，迷失自己，要及時改正回頭，才不至於懊悔。人非聖賢，孰能無過，過而能改，善莫大焉。孔子曰：「過則勿憚改。」曾子曰：「吾日三省吾身。」隨時反省而克己復禮，是吾人應秉持的修身原則。

六二，休復，吉。

象曰：休復之吉，以下仁也。

〔現代解析〕亂象剛平復，體力剛恢復，需要一段時間休養生息。韜光養晦的階段，等待環境、時局的轉變。不要灰心，蓄積能量，靜觀其變，順勢而為。回到仁厚的本性，勿糟蹋人力、精力、物力。因為逆勢操作，傷害範圍一定更大，就不夠仁厚。

六三，頻復，厲，无咎。

象曰：頻復之厲，義无咎也。

〔現代解析〕人應嚴以律己，經常反省檢討自己的過錯、缺點。理智地改過遷善，就不會有災咎。

另解：若是因躁動不安一再地犯錯，同時又能及時清醒改正過來，在義理上言，改過就可以無咎了。本來有過就應當要改，只因為在情緒不安定時，會一再犯錯，等待理智清醒時，就可回復正常。因為本爻不得位，又無應爻，又是下卦震卦之極，才會頻頻犯錯。

六四，中行，獨復。

象曰：中行獨復，以從道也。

〔現代解析〕規規矩矩的篤行中道，允執厥中，潔身自愛，堅守原則，不受迷惑，不同流合污。特立獨行，是為了順從天下之大道。

六五，敦復，无悔。

象曰：敦復，无悔，中以自考也。

〔現代解析〕能以敦厚的德性回復到正常之道，就不會懊悔。外在行為舉止回復到正道後，接著還要修內在的德性，內德在心中，所以要以中庸之道考核自己，讓內

心的德恢復。

上六，迷復，凶，有災眚。用行師，終有大敗，以其國君凶，至於十年不克征。

象曰：迷復之凶，反君道也。

〔現代解析〕 迷途不知返，忘記失敗的教訓，一定是有災的。東山再起，復興事業後，若不知何去何從，繼續發展下去，過度的膨脹，過度的開發，將朋友也變成敵人，領導者錯誤的決策，耗盡好不容易恢復回來的資源，終究會帶來災害與內憂的。

无妄卦第二十五

☰☳

震下 乾上

无妄。元亨，利貞；其匪正，有眚，不利有攸往。

彖曰：无妄，剛自外來而為主於內，動而健，剛中而應，大亨以正，天之命也。其匪正有眚，不利有攸往，无妄之往，何之矣？天命不祐，行矣哉？

象曰：天下雷行，物與无妄；先王以茂對時，育萬物。

〔現代解析〕做人做事不可強求、逞強、或期望太高，這些都是虛偽不切實際。內心在活動，但外表要剛健，不為外物所役，即「富貴不能淫，貧賤不能移，威武不

能屈」。內心要能夠主宰環境的變化，行為要有剛健的修養。悠然自得，只問耕耘，不問收穫，也不造作。那麼就會偉大、亨通、祥和、穩固。

至誠地效法天道，配合季節時序的真誠規律，春生夏長秋收冬藏。

萬物的繁育也是配合季節氣候地區，與時偕行一點也不可強求虛偽。例如揠苗助長，愛它卻足以害它。

倘若不依天理行事，心存邪念，態度行為不正，是不能得到上天保祐的。甚而導致災害的降臨。

初九，无妄，往吉。

象曰：无妄之往，得志也。

〔現代解析〕 以真誠、不虛偽、務實的態度去實現心中理想的目標，是會順利的。此乃因應天時，順應天理，行事自然能達成。

六二，不耕穫，不菑畬，則利有攸往。

象曰：不耕穫，未富也。

〔現代解析〕俗話說：「一步一腳印」，世上沒有不勞而獲的。不去開墾土地，哪來良田呢？一分耕耘，一分收穫，不用去期望天上會掉下來禮物，天下是沒有白吃的午餐。雖然努力不一定成功，但不努力，絕對不會成功。總之，要拼才有機會贏。

六三，无妄之災，或繫之牛，行人之得，邑人之災。

象曰：行人得牛，邑人災也。

〔現代解析〕人生在世，有時候難免會碰到無妄之災。例如有人把一頭牛繫在路邊，接著被路過的行人牽走。繫牛的人找不到牛，就怪罪是村裡的人偷走他的牛。村

裡的人平白的遭受到無妄之災。猶如——「白狗偷吃，黑狗背黑鍋」。

這一爻主要在提醒，凡事要有警戒心，不可先亂了陣腳，也不可財物露白，才華過度外現，都容易讓別人覬覦或嫉妒。雖然自己是無心與無意，但仍有可能蒙受無妄之災。防人之心還是不可無。

九四，可貞，无咎。

象曰：可貞无咎，固有之也。

〔現代解析〕 只要堅守著正道，不貪奢不當的利益，潔身自愛，能夠把持住自己。不為外境所迷惑，就可以避免災害的發生。

九五，无妄之疾，勿藥，有喜。

象曰：无妄之藥，不可試也。

〔現代解析〕 有時候，一個人好端端的，突然無故的生病了，但也不須吃藥，又自然痊癒。例如學生怕考試，一提到今天上課要考試，就肚子痛。但不考試，肚子就不痛了。因此，生病要找出病因，不宜急病亂投醫。

另解：不良的風氣、習慣，並無損社會的安定，或無傷大雅的毛病，用不著妄下妄語評斷。有時候，事過境遷，就沒事了。若是無病呻吟，虛偽造作是不應該的。

上九，无妄，行有眚，无攸利。

象曰：无妄之行，窮之災也。

〔現代解析〕 逞強一時，明知不可為而為，就會有災難。若不能審時度勢，也不量力而為，行事草率，必將失敗損失或犧牲成仁。

大畜卦第二十六

䷙

乾下　艮上

大畜。利貞。不家食，吉，利涉大川。

彖曰：大畜，剛健篤實輝光，日新其德。剛上而尚賢，能止健，大正也。不家食吉，養賢也。利涉大川，應乎天也。

象曰：天在山中，大畜；君子以多識前言往行，以畜其德。

〔現代解析〕　大畜是蘊蓄很大的資源，包括糧食、金錢、學問、道德、知識等。大畜的上卦是山，表示在外有阻礙，但有阻礙也是一種機遇，應該篤實地停下來蓄積能量。內卦是乾卦，意涵包容光大及剛健。所謂「利貞」，就是碰到障礙，宜篤實剛健的態度守正道，才會大有前途。

這期間，一方面不斷充電蓄積自己的能力、知識，另一方面要廣結善緣，親近賢能之士。同時要多學習認識前賢聖哲的睿智嘉言懿行，及成功的經驗。

學德兼備的君子，應當勇於施展抱負，為國家、社會、人類服務謀福祉。大畜卦是大有可為的時期，宜應天命合天時，出去開創事業，利濟天下，不應獨善其身，只圖個人溫飽就足夠。應該要有天下為公兼善天下的宏願。

初九，有厲，利已。

象曰：有厲利已，不犯災也。

〔現代解析〕 在大畜初期，若只憑藉自己的銳志，沒能體察時機，又不知嚴以律己，欲望太大，思想行為偏差，求成心切，貿然前進，必遭凶險。

九二，輿說輹。

象曰：輿說輹，中无尤也。

〔現代解析〕古代車子停下來時，將橫木草繩解開，車身和車輪就分開，意旨為有危險就應主動停止。譬如一個人的名與實若不相符，別人要加諸於你身上的虛名可能會帶來危險，就應主動拒絕。這樣地守著中道，才不會被人利用操縱。有道是「無功不受祿」，知道是不當利益，有危險的陷阱，就要主動拒絕。

九三，良馬逐，利艱貞。日閑輿衛，利有攸往。

象曰：利有攸往，上合志也。

〔現代解析〕平時要經常厚植實力，不斷精進提升自己，有如車夫要經常練習駕馭車

子，技術才會嫻熟。做為一個領導者如能勤於學習，配合時代脈動，就有助於突破障礙，施展自己的抱負。

六四，童牛之牿，元吉。

象曰：六四元吉，有喜也。

〔現代解析〕凡事「豫則立」，能夠事前防微杜漸是最有效的辦法。像小野牛的牛角尚未完全生出來，就先把橫木架綁在牛角上，提早制止住牛的野性，預防小野牛長大後牛角傷人或傷己。進而能將其馴養為家畜來使用。一個企業體的經營，也是要事先制定完善的管理規章。小孩子的教育，也是要從小訓練栽培，將來才會有出息。

六五，豶豕之牙，吉。

象曰：六五之吉，有慶也。

〔現代解析〕「正本清源」、「釜底抽薪」是解決比較困難棘手問題所應採取的手段，就像將公豬去勢，使公豬的野性攻擊力喪失，避免公豬相互殘殺，又不會傷害到公豬的生命。比喻要制伏一個有能力又強悍的幹部，應有很好的牽制辦法及讓他發揮的空間。或是將來想當領袖人才，宜從小就要訓練其才與德。

上九，何天之衢，亨。

象曰：何天之衢，道大行也。

〔現代解析〕肩負著偉大任務，而能亨通。意思是為政者蓄德以養賢，養賢以行天下之道，讓人人都能各盡其才，各取所需。有如四通八達的道路，大道行於天下也。

頤卦第二十七

䷚

震下　艮上

頤。貞吉。觀頤，自求口實。

彖曰：頤，貞吉，養正則吉也。觀頤，觀其所養也；自求口實，觀其自養也。天地養萬物，聖人養賢以及萬民。頤之時大矣哉！

象曰：山下有雷，頤；君子以慎言語，節飲食。

〔現代解析〕 要生存，就要觀察養育的恰當與否？要養身之前，先要養心與養德。一個人的生存必需其實是不多，但人類比其他動物的欲求多太多。汲汲營營追求名

位、權利等等。

電影侏羅紀公園中有句話說：「生命都會找到最適合自己的出路。」所以，人要能夠適應環境，順自然生命以養其生，順精神生命以養其德，養正則吉。太過與不及皆不可。

俗語說：「吃飯皇帝大」、「民以食為天」。吃飯的事擺在首位，目的是人要先養好自己，才能養別人。廣義而言，自己要有教養、修養，才能教養他人。「聖人養賢以及養民」，如同天地養萬物般偉大。

做為國家領導者，應觀察經濟建設的發展，使國民生活富裕，社會均富，人人都有教養。物質與精神皆得到育養。

「病從口入，禍從口出」、「言多必失」，人應節制飲食，吃應該吃的，不貪口腹之慾，不吃不該吃的食物，注重生態平衡，以及環保問題。例如不應吃熊掌、魚翅、燕窩或保育類動物等等。同時人人應謹言慎行，注重口德，以免因言語惹禍。養德更是必需的。

初九，舍爾靈龜，觀我朵頤，凶。

象曰：觀我朵頤，亦不足貴也。

〔現代解析〕 一個人不可妄自菲薄，忽略自己優越的條件，只是羨慕他人的富貴，不用自己的智慧努力去打拼，終究對自己是不利的。臨淵羨魚，不如退而結網。不要垂涎觀望，更不可捨本逐末。要安分守己，珍惜自己，才不會招致凶險。

六二，顛頤，拂經；于丘頤，征凶。

象曰：六二征凶，行失類也。

〔現代解析〕 使用不正當手段，貪求他人的非分供養，下刮不成便上搜，忘了自己的身分，也不自量力，一味貪求享受富貴，有違常理，必自取其辱。若再強求，一

定招徠凶險。

六三，拂頤，貞凶，十年勿用，无攸利。

象曰：十年勿用，道大悖也。

〔現代解析〕養育自己，本來是無可厚非的，但若是以掠奪他人來養自己，是有違常理，破壞了自然規律，嚴重傷害到根基。例如二次世界大戰，德、日為了拓張領土，侵略他國。雖然為了養自己國家，但違逆常理，所以招到大大的損傷。或是一個人為了養育小孩，去搶奪他人財物都是不應該的。企業體的決策若有違公司根本制度，或用人失當，同樣也是容易造成極大的損傷，短時期內是很難彌補的。

六四，顛頤，吉。虎視眈眈，其欲逐逐，无咎。

象曰：顛頤之吉，上施光也。

〔現代解析〕領導者能夠精明洞悉下屬的缺點，又能適時給予啟發教誨，發覺人才，教養賢才，當然是吉利的。

六五，拂經，居貞吉，不可涉大川。

象曰：居貞之吉，順以從上也。

〔現代解析〕居上位者若能秉持「養賢以及萬民」的原則，雖有時仰賴賢人，但動機純正，順應天道養萬物之理，以無為而為，以冷靜態度面對外在的變化，不躁急貿然前進，肯定是會吉利的。

上九，由頤，厲吉，利涉大川。

象曰：由頤厲吉，大有慶也。

〔現代解析〕由賢者輔助領導者施政，保養萬民，要能常存警惕之心。雖然伴君如伴虎，但可以借力使力，登高借梯，勇敢排除困難，是大有吉慶。例如孔明輔助劉備父子是也。

大過卦第二十八

䷛

巽下　兌上

大過，棟橈，利有攸往，亨。

彖曰：大過，大者過也；棟橈，本末弱也。剛過而中，巽而說行，利有攸往，乃亨。大過之時大矣哉！

象曰：澤滅木，大過；君子以獨立不懼，遯世无悶。

〔現代解析〕「時勢造英雄」，有才能的人能夠遇到環境與時機的配合，就可一展抱負，實現理想與目標。反之，若時機與環境不能配合，也不要厭世逃避，而要更加沈潛修煉自己。行事雖特立獨行，超越凡俗，但熱愛生活，堅持信念。人不知

而不慍。不求人知，但求天知。俟時機成熟，則懷著——「雖千萬人，吾往矣！」的精神，不拘泥常規，努力克服障礙，本乎謙順，使人喜悅，則近悅遠來，共同建立大業。例如姜太公沈潛多年，遯世而無悶，俟時機環境成熟，才出來輔佐周文公，以匡時濟世，立了功又建立不朽之大業。

「時也！命也！運也」，懷才不遇的人常做此嘆，有很多人也常感覺到有志難伸，事事不順，內心鬱卒。事實上，人不可能都一帆風順的。要突破困境，需要有智慧，既不可勉強，又不可逾越常規，才能跨越困境。在非常時期要採取非常手段，重點是要操守正，學有本，素有養，剛毅有為，方能成就大業。

「有其時，也要有其人」，要能匡時濟世，人才是相當重要，例如滿清末年，國勢衰微，時局混亂，幸有孫中山先生大智大勇的雄才大略，躬逢其盛，而建立民國。但，若有其時，而無其人，也是無法力挽狂瀾，濟世而利民。

初六，藉(ㄐㄧㄝˋ)用(ㄩㄥˋ)白(ㄅㄞˊ)茅(ㄇㄠˊ)，无(ㄨˊ)咎(ㄐㄧㄡˋ)。

象曰：藉用白茅，柔在下也。

〔現代解析〕孫子兵法曰：「多算勝，少算不勝，而況於無算乎？」在準備行動，應謹慎小心。並多利用有利資源來協助，襯托輔佐之功，以避免災咎。如象辭上言，祭祀的時候，藉用白色的茅草做墊襯，如此敬慎小心，又能表現其高貴，相得益彰，互蒙其利，所以無咎。

九二，枯楊生稊，老夫得其女妻，无不利。

象曰：老夫女妻，過以相與也。

〔現代解析〕枯老的楊柳樹再生出新芽，重現生機之象，雖然老樹已過了繁茂盛葉時期。再長出來新的葉子，也沒有什麼不利的。譬如老夫配少妻，雖然老夫年紀稍

大，但只要生理正常，還是可以傳宗接代，延續香火。並沒有什麼不好的。少妻如能與老夫和諧相處，女人亦可從老夫處得到財產以及人生經驗或德智的培養，雖然年齡差距大些，但可以互相幫助也沒有不利的。

九三，棟橈，凶。

象曰：棟橈之凶，不可以有輔也。

〔現代解析〕 主要的棟樑彎曲，就難以復原。即使輔以其他支柱，也難以補救。譬如政府的政策犯了重大錯誤，又過於剛羈，一意孤行，不合中道，造成重大損失，使國勢衰微，民不聊生，人民怨聲四起，後果將難以彌補。也就是棟橈之凶。

九四，棟隆，吉；有它，吝。

象曰：棟隆之吉，不橈乎下也。

〔現代解析〕棟樑特別隆起，看似壯觀。事實上，隆起的另一面可能是凹陷的。意味超越常理太多的事情，就要小心，不可不察。例如「禮多必詐」、「金玉其外，敗絮其內」、「色厲內荏」、「福兮禍所伏」，都是我們平常隨時要警覺的。但如果不察，最後可能受到牽制或為難。再者，公眾人物凸顯在眾人的目光下，若不能嚴以律己就可能要悔恨惋惜。例如，拿破崙的私情、徐志摩的最愛、戴笠將軍的紅粉，都使得一代名人的下場令人嘆息。

九五，枯楊生華，老婦得其士夫，无咎无譽。

象曰：枯楊生華，何可久也？老婦士夫，亦可醜也。

〔現代解析〕老婦嫁壯男，可能會被人家拿來做八卦新聞炒作議論一番，雖然感情的事情原本沒有絕對的。但畢竟老婦嫁給壯男，老婦已經老矣，也不能再生子。譬如有開花沒結果。若是有耕耘，而沒收穫，是不會受到讚譽的。

上六，過涉滅頂，凶，无咎。

象曰：過涉之凶，不可咎也。

〔現代解析〕自己的能力不足，局勢也無可挽回，若還執意去做，就如同不善泳又要強渡大河，必遭滅頂之凶。但現實生活中，有時候會遇到無可奈何之事，在非常時期要採取非常手段，不管成功或成仁，也都沒有絕對的。例如屈原身處小人在朝亂政的時代，還想匡時圖治國事，終遭投江成仁，死而無悔，名留青史。

坎卦第二十九

䷜

坎下 坎上

習坎。有孚，維心亨，行有尚。

彖曰：習坎，重險也，水流而不盈，行險而不失其信。維心亨，乃以剛中也。行有尚，往有功也。天險，不可升也；地險，山川丘陵地，王公設險以守其國，險之時用大矣哉！

象曰：水洊至，習坎；君子以常德行，習教事。

【現代解析】 平時就要做好危機處理，對於突發災害、意外災難，不管人為的或天然

的，都要常常演練，而且要認真確實的執行，不可馬虎、不投機取巧。萬一發生災難，就能從容不迫、冷靜而有信心去克服困難，有效地突破難關險阻。例如平時有做好防火災、水災、空難、颶風、沙塵暴、地震等的演練，萬一發生時，就能很快將災害程度降至最低。如果是人為的疏忽，更可防患於未然。當然，天災有時候，不是我們人類能掌控的。

流水的德性是一定往前流向大海。不論高山、丘陵處處皆可看到水流，水不怕陷阱，當水流遇到坑洞，也會將其填滿，再往前繼續流，這就是水流堅持誠信的德性。領導者應體會這個道理，平時就要以常有的美德嘉行，不斷的進德修業，教導屬下，讓大家嫻熟，多一分防備，少一分損失。

危險是無可避免的，但也是考驗人們的大好機會，有智慧的聖賢豪傑，往往能處於危難中，運用智慧，觀察時機、環境，穩住心靈的方向盤，思出計策，突破重重險難，造就了他們的偉大。所以說，險難是為英雄準備的，險陷的時機和功用是多麼重大啊！例如，孫中山先生在倫敦蒙難，雖處艱險，但卻能冷靜思計脫困，表現自信剛毅勇敢，即是一例。

人們也可以利用山川地險做為軍事國防之用，險陷也可為守國之用也。那麼天時就不如地利了。

初六，習坎，入于坎窞，凶。

象曰：習坎入坎，失道凶也。

〔現代解析〕在練習嫻熟危機處理時，宜謹慎認真，勿使自己陷於危險中，弄假成真，則凶矣！

處在坎坷艱難的時候，若沒有信心，也沒有志向，只有觀望期待他人來幫助，或等待奇蹟出現，而自己不努力將險阻化為成功的助力，就會被淘汰。

九二，坎有險，求小得。

象曰：求小得，未出中也。

〔現代解析〕雖處險境，但還是不消極，依然以務實態度，留得青山在，不偏離中庸之道，積極進取，有多少，得多少，先求自保，從不放棄。在人生不順遂的時候，能夠求小得，先安頓好自己，可能也是大得，做為最後達到目的的基礎。

六三，來之坎坎，險且枕，入于坎窞，勿用。

象曰：來之坎坎，終无功也。

〔現代解析〕聰明人絕對不會將自己陷入絕地求生。明知深山有虎，偏向虎山行，此乃不自量力。做事輕舉妄動，陷自己於危險中，最後導致失敗的命運。

身處進退兩難時，就要按兵不動，以靜制動。不是不動，只是不可妄動，因為此時期，連小的都無法求到，當然是靜觀其變，以不變應萬變。最重要的是勿使自己走進險中險之境，能預防在先為要。

六四，樽酒，簋貳，用缶，納約自牖，終无咎。

象曰：樽酒簋貳，剛柔際也。

〔現代解析〕 身處艱險環境中，就不要再拘泥於常規，宜因時因地制宜，懂得權變，才能脫險。例如逃難的君王，臣子侍奉君王，也就不須要太講究禮節，簡單節約地用些酒菜，能夠吃飽就好了。在非常時期，就要用非常手段。

九五，坎不盈，祇既平，无咎。

象曰：坎不盈，中未大也。

〔現代解析〕 人處在險難中，但求平安渡過，如同水流到坑陷之處，依然是繼續流動往前。比喻一個人尚未完全脫離險境，不可自大，驕縱。平安就是福，守住中

道，保存實力，俟來日圖強，振興光大。

上六，係用徽纆，寘于叢棘，三歲不得，凶。

象曰：上六失道，凶三歲也。

〔現代解析〕 在艱險環境中，若還逞強，必遭凶災。譬如政治犯或反對黨的政變，在無任何應援的環境中革命反對，就會被囚禁起來。囚禁久了，也會中斷了自己的事業，甚至還可能遭受到處決的下場。

離卦第三十

䷝ 離下 離上

離。利貞，亨。畜牝牛，吉。

彖曰：離，麗也。日月麗乎天，百穀草木麗乎土，重明以麗乎正，乃化成天下。柔麗乎中正，故亨，是以畜牝牛吉也。

象曰：明兩作，離；大人以繼明照于四方。

〔現代解析〕 離卦依卦象之義為光明、美麗、依附、附麗、沾光、分離、離開、太陽、熱能、向上等意思。

易經四德元亨利貞，它有三德；利，貞，亨。是謂若能培養柔順的心性美德，行事又能依附中道，就能亨通。心裏養頭母牛也正是「柔麗乎中正」。

一個人若能內心光明的與他人交往，人際關係就能亨通。

人生在世不能獨立的存在，所以要選擇朋友、長官、老闆、老師等來依附。就像太陽的光明附麗在天上，百穀草木附麗在土地上。跟對了人，對方的光芒也會附麗在你身上一樣。

領導者要懂得人性，培養教育屬下，使他們柔順地任勞任怨，盡自己本分，樂於發揮潛能效忠自己。

領導者更要遵循天道，像太陽光明照耀三千世界，要成功須先得網羅四方人才，方能謀事、成事。本身要行止正大光明，屬下也會英明輔佐，功德光輝照耀天下，就會受到下屬的愛戴。

太陽下山，月亮升起。月亮下沈，明日太陽又再升起。日復一日，上下兩個離卦，象喻培養人才是需要一段時間，同時也道出——「江山代有人才出」，代代自有傳人、高人。

初九，履錯然，敬之，无咎。

象曰：履錯之敬，以辟咎也。

〔現代解析〕初涉社會，或剛開始創業，或剛開始依靠他人，難免會有些差錯混亂，但只要常思危害，懷著恭敬謹慎的態度去做，懂得謙卑與小心翼翼自我警惕，就可以避開災害。

六二，黃離，元吉。

象曰：黃離元吉，得中道也。

〔現代解析〕黃，居五行之中，表示和諧、平順之意。衍生意思為天高氣爽，風調雨順，陽光普照，時機合適，考慮周詳。可以依附正人君子，雖居下位，但柔謙也

不會遭到羞辱，反而使人更加尊敬。因為合時宜，又跟對人，行事不偏不倚之故也。

九三，日昃之離，不鼓缶而歌，則大耋之嗟，凶。

象曰：日昃之離，何可久也。

〔現代解析〕

人生皆會步入老年，這是自然界的規律。猶如太陽西沈，有智慧的老人樂天知命，會以坦然的心境面對老年的到臨，同時懷著樂觀的態度去欣賞這自然的景象。所謂「夕陽無限好」的綺麗風光，更要珍惜把握去欣賞。也就是將自己的生命精華散發出來，讓大家分享。不應該嗟嘆歲月無情，坐以待斃。有道是，樂觀的人看到玫瑰花，悲觀的人只看到刺。樂觀的人看到「夕陽無限好」，悲觀的人看到「只是近黃昏」。

九四，突如其來如，焚如，死如，棄如。

象曰：突如其來如，无所容也。

〔現代解析〕俗話說：「功高震主」，突然間表現太突出，氣勢凌人帶給上司壓迫感，很容易被自己的光芒燃燒到，並遭受到眾人的唾棄，就沒有辦法再被上司容納接受。到最後只能嘆天地之大，而沒有自己可容身之地。凶災可大了。

六五，出涕沱若，戚嗟若，吉。

象曰：六五之吉，離王公也。

〔現代解析〕喜極而泣，真情流露，大都源自於有憂患意識，戒慎擔憂。終於轉危為安，化險為夷。因為有先前的憂懼，結果又能遂其所願，內心的喜悅，是無法想

像，再也壓抑不住，喜極而泣。

領導者，如能以感性、真誠的態度對待有才幹的員工，則員工也會受其感動，願意效犬馬之勞，共襄大業。但倘若領導者以厚黑學的權謀心態，動輒以哭泣下跪來做悲情的訴求，就不足為取。

上九，王用出征，有嘉，折首，獲匪其醜，无咎。

象曰：王用出征，以正邦也。

〔現代解析〕 為了維護國家社會的安全，效命國家，出兵去征戰。獎勵去殺惡黨之首領，不殺依從之眾，只斬其首，不斬其眾，乃是仁慈王道的做法，這樣做也是無咎的。

咸卦第三十一

艮下　兌上

咸。亨，利貞。取女吉。

彖曰：咸，感也。柔上而剛下，二氣感應以相與，止而說，男下女，是以亨利貞，取女吉也。天地感而萬物化生，聖人感人心而天下和平。觀其所感，而天地萬物之情可見矣。

象曰：山上有澤，咸；君子以虛受人。

〔現代解析〕少男少女自然的來電，起先大家都心照不宣，彼此內心小鹿亂撞，但要

矜持、自律不喜形於色。如果少男懷著謙虛禮貌態度，動機純正，誠意與少女交往，必能使少女喜悅感動，成為要好朋友，然後嫁給少男。

人與人之間的交往，物以類聚，心心相印，慈悲應慈悲，暴戾應暴戾。端視你用什麼居心去感應與人互動。

天地間陰陽兩氣合和而交感，萬物就這樣化生出來。聖人以德感應天下，然後天下人心受其感動而歸心，並向心一致，天下就和平了。在上位者如能行仁政，則與民心互相感應，天下就會太平。

卦象山澤通氣，澤水向下滋潤山體。山體在澤下承載著澤水，因此水更清，山更潤。意喻君子應虛懷若谷，澹泊名利，寧靜方能致遠。心無私心與雜念，才能夠與他人在感情上、意念上、信息上相互感應。有了真誠的感應，就會產生偉大的愛心，也願意為對方付出愛。包括友情、愛情、親情、君臣之情等等的愛。

我們除了用眼睛觀察萬物，更要用詩人敏銳的「心」去觀察體悟天地萬物的情狀，那麼就更可以看見天地萬物間的訊息。

初六，咸其拇。

象曰：咸其拇，志在外也。

〔現代解析〕人體也是一個小宇宙，人的感應如同天地之感應，天地剛開始陽息陰消，也是從下往上升。人的意念一感動也是由腳大拇趾開始，漸漸往上觸動。例如心志與外界互感，意念欲往外走，隨即腳趾就自然配合連動起來。

任何事物的開始，宜察微知著，敏銳機警。人與人的感應，剛開始時，僅及於末節，未達深交，不可太衝動積極，僅能試探性地來往。不可一頭熱。沒有考慮到對方的感受。

六二，咸其腓，凶；居吉。

象曰：雖凶居吉，順不害也。

〔現代解析〕感應到達了小腿，意味交往的深度還不夠，不宜貿然前進。此時的環境客觀條件都不是時候，宜冷靜下來，三思而後行，才可化危為安。不可衝過頭，否則就會像小腿已踩進泥沼裏，若不及時停止，就會難以自拔，而遭凶災。

九三，咸其股，執其隨，往吝。

象曰：咸其股，亦不處也，志在隨人，所執下也。

〔現代解析〕感應的訊息已傳到大腿，此時已靜不下來了，執意跟隨別人走。有如感情已陷入情網，不易抽腿了。此時感情已勝過理智，所謂當局者迷，旁觀者清。如果能夠借助外力使其清醒，不再一意孤行，深陷其中，則不至於悔恨。

九四，貞吉，悔亡；憧憧往來，朋從爾思。

象曰：貞吉悔亡，未感害也。憧憧往來，未光大也。

〔現代解析〕感應到了內心，心正則應吉，心雜亂則不感應。人如果有正向思維，結果就會是正面的。如果老是負面思維，結果也會是負面的。與人交往，要沒有私心，朋友才會愈交愈多，也愈長久。倘若心意不定，心懷不軌或疑神疑鬼的與人交往，漸漸地朋友就會越來越少。

九五，咸其脢，无悔。

象曰：咸其脢，志末也。

〔現代解析〕感應已深入肺腑，台語俗云：「疼入心坎裏」，已無怨悔了。領導者，要像山川一樣，虛懷若谷，像大海一般容納百川，除去私慾，以至誠之心感召天下，即使對方意念向背，也要竭盡心力去感化。

上六，咸其輔頰舌。

象曰：咸其輔頰舌，滕口說也。

〔現代解析〕從一個人面部的表情，也可以讀出他內心世界的思維。若沒有真心，僅憑藉著花言巧語，雄辯遊說之辭，是不容易打動人心的。

恆卦第三十二

巽下　震上

恆。亨，无咎，利貞。利有攸往。

彖曰：恆，久也，剛上而柔下，雷風相與，巽而動，剛柔皆應，恆。恆，亨，无咎，利貞，久於其道也。天地之道，恆久而不已也，利有攸往，終則有始也。日月得天而能久照，四時變化而能久成，聖人久於其道，而天下化成。觀其所恆，而天地萬物之情可見矣。

象曰：雷風，恆；君子以立不易方。

〔現代解析〕人與人之間的感應畢竟是短暫的，人倫要能長久才會成功。例如夫婦相處要長久，共謀家業，同心合作，一加一的力量就可以大於三。君臣、父子關係亦然。

「德行」與「正確性」是最需要恆久堅持的。卦象剛上而柔下，即告訴我們行動要外剛內柔，以溫良恭儉讓的德行去做事，審時度勢，剛柔並濟，就能恆久。過柔則靡，過剛則折。

天地之大道，是恆久永不休止的。空間隨時間有規律的變化，既濟卦完成後接著又是未濟卦。成終成始，循環不已是大道恆久不變的規則。例如日月升沈不止，普照萬物。四季循環的變化，有規律而恆久，育化萬物。聖人的智慧能堅持依循這循環變化的規則，將其發揮到極致，以萬變應不變，將大道的規則無所不用，所以能成功教化天下。

用歷代累積下來的智慧經驗，去觀察這恆常不變的法則道理，就可以看出天地萬物的情態。如上所言，日月升沈、四季輪替、順逆興衰、生老病死、成住壞空。所以只要堅持正確德行，建立處世不變的原則，把握變化的規則機會，往後的發展就一定

會成功。

初六，浚恆，貞凶，无攸利。

象曰：浚恆之凶，始求深也。

〔現代解析〕自然的規律是循序漸進的，做人做事不宜躁進，求好心切，揠苗助長。一開始就要求速成，往往會適得其反，欲速則不達。例如修煉氣功求神通。可能就有走火入魔的危險。或是與人交往，交淺而言深，可能容易有凶災。

另解：公司一開始就把盈餘目標訂得太高，政策規章訂得太嚴苛，而不易達成。反而是作繭自縛。

九二，悔亡。

象曰：九二悔亡，能久中也。

〔現代解析〕處在有利的中道位置，又能堅守中庸之道，心中不為外界所左右，允執厥中。道是獨立不改，堅持下去，我永遠是我，愛永不變質。愛了就不要後悔。夫婦之道才能夠恆久。

九三，不恆其德，或承之羞，貞吝。

象曰：不恆其德，无所容也。

〔現代解析〕俗語說：「權力名位會腐蝕一個人的心志。」有些人功成名就後，就受不了誘惑，忘了當年的初衷，忘了自己是誰，不能堅持守住節操德性。利欲薰心，不安於位。或中途變節，都終會自取其辱，毀了一世英名，不得善終。所以說，一個人如果不能恆久的堅持操守、德性，將會遭遇到天下之大而無容身之處的地步。行為舉止，豈可不慎乎？

九四，田无禽。

象曰：久非其位，安得禽也。

〔現代解析〕擇善固執也要有原則與立場。位置不對就不可太執著死板的堅持下去。例如守株待兔，洞穴已經沒有兔子，還不變換位置而繼續堅守下去，那是不可能擒獲兔子的。

另解㈠：只一味的消耗資源，而不再蓄養。終將自食惡果。例如不按季節生態，濫肆狩獵捕魚，或竭澤而漁，或山林過度開發等，最後造成資源耗盡，人間浩劫。

另解㈡：俗語說：「福不可享盡，勢不可用盡，」是人生要想永續經營應該有的處世哲學。

六五，恆其德，貞。婦人吉，夫子凶。

象曰：婦人貞吉，從一而終也；夫子制義，從婦凶也。

〔現代解析〕一個人的立場不同，應該堅持的德行操守也就不同。例如中國的倫常規範中，婦女應柔順守節，從一而終，家庭才會和諧。丈夫應守義，衡量事理的正當性與否，不可不明是非，完全順從妻子而背離父母。或任由霸道的妻子參政干擾事業，造成外戚之患或雞犬不寧。

上六，振恆，凶。

象曰：振恆在上，大无功也。

〔現代解析〕在上位的人如果朝令夕改，或是不經縝密的思考，就改變政策。這樣的好大喜功，即使好的政策東西，但未經他人的自覺，而強迫他人接受，這個政策東西，都不會恆久的。

遯卦第三十三

䷠ 艮下　乾上

遯。亨，小利貞。

彖曰：遯亨，遯而亨也。剛，當位而應，與時行也。小利貞，浸而長也。遯之時義大矣哉！

象曰：天下有山，遯；君子以遠小人，不惡而嚴。

〔現代解析〕自然界的循環規律，陰氣上升，陽氣就消退。陽氣消退後會再蓄積能量等待下一個循環而儲備之用。萬物皆依循這個規律與四時同步，就可以亨通了。陰氣漸漸上升，近逼陽氣，其實對陽氣是有利的。陽氣隱退是順乎天的法則。自

然界的變化本來就像季節分工一樣，春生夏長秋收冬藏，有了四季變化，才有利於萬物生長的次序。

人事現象也有君子當道與小人當道的時候。當小人當道時，有智慧的人就應該退避遠離小人，明哲保身，不去遭惹小人也不要去觸怒小人，委曲應變，離開是非圈。嚴以律己，保持著凜然不可侵犯的樣子。隱遁起來，收起光芒，不為天下人先。所謂「邦有道則智，邦無道則愚」，裝愚、裝瘋、或虛與委蛇、或與其和但不同流合污。重要的是自己的原則還是要堅持下去的。

初六，遯尾，厲，勿用有攸往。

象曰：遯尾之厲，不往，何災也。

〔現代解析〕 隱退的時機要選擇恰當的時間點，不宜太遲，錯過時機就易有危險。做事不可自作主張，該退避就要及時退避。

另解：要認清尾大不掉的道理，企業體若內部人事管理嚴重失控，造成惡勢力盤踞。有智慧的人應該隱遁他去，不再和小人聯繫，就可以避開是非災害。

六二，執之用黃牛之革，莫之勝說。

象曰：執用黃牛，固志也。

〔現代解析〕一個人意志要堅定不移，應該要隱退就不可再受外界因素來動搖。例如抬轎的人不願意放下，但自己一定要堅持理念，不受他人影響。好像用黃牛皮繩綑綁得非常牢靠，沒有人能夠解開似的。

九三，係遯，有疾厲；畜臣妾，吉。

象曰：係遯之厲，有疾憊也；畜臣妾吉，不可大事也。

〔現代解析〕 一個人該隱退的時候還猶豫不決，眷戀著權位名利，繼續做困獸之鬥，陷溺下去，只會帶給自己疲憊不堪，就會有生病的危險。倒不如依循著自然規律，時候該退就退避下來，回家照顧老婆小孩或含貽弄孫，不再過問一切政事。就不會讓人起疑心，認為你是以退為進的權謀。

九四，好遯，君子吉，小人否。

象曰：君子好遯，小人否也。

〔現代解析〕 有智慧的人是善於抓住機會，適時的隱退下來。老子曰：「功成名遂身退，天之道也。」但沒有智慧的小人，則戀棧祿位，不肯退隱，思考阻塞似的，患得患失，做不了決定。有上台當然也要下台。序卦傳曰：「物不可久居其所」。智者總是懂得急流勇退。

九五，嘉遯，貞吉。

象曰：嘉遯貞吉，以正志也。

〔現代解析〕 領導者應該堅持正確的主張與原則，選擇對的時間，同時也選擇對的人交棒隱退下來。才能端正自己的心志。意旨即為有智慧的人會做好最佳的策略才退隱的。

上九，肥遯，无不利。

象曰：肥遯无不利，无所疑也。

〔現代解析〕 心無掛礙，心寬體胖的退隱下來。有智慧的人，一定是先做好退隱後的準備，沒有後顧之憂，就會毫無遲疑的退下來。猶如人生打了一場美好的仗，無

憾的退去。曲終人散，雖然有些無奈，但達觀的人會欣然接受。

例如，清末曾國藩知道功高震主，剿滅太平天國後就撤散湘軍，但事前他已籌備好官兵之遣散金。不須朝廷支付，所以能再得到朝廷的信任。

大壯卦第三十四

䷡ 乾下 震上

大壯。利貞。

彖曰：大壯，大者壯也，剛以動，故壯；大壯利貞，大者正也。正大而天地之情可見矣。

象曰：雷在天上，大壯；君子以非禮弗履。

〔現代解析〕從卦象看，雷在於天之上，氣勢壯大。一個人唯有正，才能夠壯大。到達了大，又必須要正，才能保其大，行得更長久，此乃天地壯大之情。所謂「天大，地大，人亦大」。

天地萬物都要剛健地去行動，朝著旺盛氣勢去發展，積極而有所作為。但壯大了以後更要克制自己，一切依禮行事，克己復禮，不可得意忘形，氣焰高張，為所欲為，欺壓侵略他人，而忽略了「以大事小，用德。以小事大，用智」的道理。

雷是起源自地而上升於天，本屬卑微低下者。同理，有名望的人，原本也是卑下無名的。一旦名滿天下，就更應該克制自己，注重禮節。要戰勝自己的私情，而不是去戰勝他人。俗語說：「人在做，天在看。」雷在天上替天執法，主持正義。君子是不會去做邪惡非禮的事情，是有所為，有所不為。小人則常依勢凌人，逞個人私慾，為達目的，往往陷自己於兩難。只要能及時醒悟，堅守正道，非禮弗履，就可轉為吉祥。

初九，壯于趾，征凶，有孚。

象曰：壯于趾，其孚窮也。

〔現代解析〕 初爻居最下位，又沒與九四爻相應。表示一個人只有一點點能力，也沒

有貴人相助，就急著想膨脹自己，向外擴張只會自暴其短。招凶險是必然的。

九二，貞吉。

象曰：九二貞吉，以中也。

〔現代解析〕九二爻陽爻居中位，雖不當位但居中庸之位，表示陽爻在大壯陽盛之卦，能夠不過剛，也不過柔，堅持自己的原則，保有強烈的行動力，又能克制自己守著中道，就會吉祥。

九三，小人用壯，君子用罔，貞厲。羝羊觸藩，羸其角。

象曰：小人用壯，君子罔也。

〔現代解析〕小人壯大得勢時，往往會利用其權勢侵略欺壓他人，只為著自己的私慾

去做，屬於有為的，感情用事的。即使是正當的理由，也是有危險。爻辭舉一例，公羊不安其分，以角抵觸藩籬，角被勾住，無法擺脫。君子則依上天的意志來用「壯」，屬於無為的，天下為公的，順其時而為。不依個人意志去做。

九四，貞吉，悔亡，藩決不羸，壯于大輿之輹。

象曰：藩決不羸，尚往也。

〔現代解析〕堅持動機純正，守著正道，就不會後悔。理直氣壯，破除障礙，就再無牽絆了，如同羊角脫離藩籬可以勇往直前，往前衝是上策，衝出自己的潛在能力，像奔馳中的大車，好不快哉！

六五，喪羊于易，无悔。

象曰：喪羊于易，位不當也。

〔現代解析〕做為一個領導者治下如牧羊，應該小心謹慎不可疏忽，否則就如同牧羊人選錯位置牧羊，而讓羊走失，後悔也是於事無補。

上六，羝羊觸藩，不能退，不能遂，无攸利，艱則吉。

象曰：不能退，不能遂，不詳也；艱則吉，咎不長也。

〔現代解析〕有頭強壯的公羊抵觸藩籬，羊角被勾住，進退不得。比喻人若壯大，不可逞強任性，強行貿然前進，使陷入進退兩難。當身處困境應該及時覺悟，面對艱難，克服困難，能夠經得起磨鍊，就可以轉為吉祥，災咎也就不會太長久了。例如俗語說：「頭髮已洗下去了」、「人在江湖」、「騎虎難下」的時候。怎麼辦？如果能夠將矛盾情境轉化開來，設法脫身，就可以吉祥。

晉卦第三十五

坤下　離上

晉。康侯用錫馬蕃庶，晝日三接。

彖曰：晉，進也。明出地上，順而麗乎大明，柔進而上行，是以康侯用錫馬蕃庶，晝日三接也。

象曰：明出地上，晉；君子以自昭明德。

〔現代解析〕晉的意義有晉升、晉見、進步、晉級、前進，以及廣義的發展、變化、進化之義。

在光明的時代，有英明領導者主政，社會在公平競爭之下，有能力的人就應該掌

握時機，表現出自己的才華，和彰顯出自己的德業、品格、氣質、風範、信譽。除了有能力以外，還要懂得人情世故。恭順對上，就可以得到上司的賞賜與恩寵。

從卦象來看，太陽升出於地，晉升不已，與時推移。外卦是光明之象，表示天下太平之象，有利進德修業。內卦為坤順之象，有如萬物柔順依附著太陽生長變化。

初六，晉如摧如，貞吉。罔孚，裕，无咎。

象曰：晉如摧如，獨行正也；裕无咎，未受命也。

【現代解析】 初入社會，地位低微，尚未被重用。有時候前進難免會遭到挫折，但只要努力以赴，堅持正確的原則，不要太計較一時的得失，雖未能及早被接受，也不與人計較，心量放寬大，虛心受教，寬心坦然等待時機與貴人的出現。

六二，晉如愁如，貞吉。受茲介福，于其王母。

象曰：受茲介福，以中正也。

〔現代解析〕雖然向前進展事業之初，有患得患失，孤立無援之愁，但只要守中行正毋庸憂慮，最終還是會有大福報的。

做事業，除了盡力而為，也要關心注意風險的問題，猶如慈祥祖母般的叮嚀掛心，但又施予恩惠呵護。

六三，眾允，悔亡。

象曰：眾允之，志上行也。

〔現代解析〕做事業要廣結人脈，團聚志同道合之人，若能夠得到眾人的支持、擁

護、幫助，自然自己本身也會有一股向上晉升的力量。而沒有後悔的接受履行眾人的期待。

九四，晉如鼫鼠，貞厲。

象曰：鼫鼠貞厲，位不當也。

〔現代解析〕 鼫鼠的技能多樣，飛躍、爬樹、游水、撥土、行走等。但都不夠精湛。如果一個人學習東西像鼫鼠一般的話，身懷百藝但無一專精。樣樣通，樣樣鬆。只學個半調子，不扎實的花拳繡腿功夫，就想要做大事業，鐵定無法成功的。學習事物除了要專精以外，也要配合時代的脈動，腳步太慢，跟不上時代也是危險的。或身居高位，不思進取也是有危險的。

六五，悔亡，失得勿恤。往，吉，无不利。

象曰：失得勿恤，往有慶也。

〔現代解析〕已居高位者，依然秉持中道而行，不計較得與失。即使遇到小挫折也不會因而喪志，努力往目標理想去實踐，結果一定會圓滿。

上九，晉其角。維用伐邑，厲，吉，无咎，貞吝。

象曰：維用伐邑，道未光也。

〔現代解析〕強者不應以平亂征服他人為樂，應該修德，才能得到民心。否則容易引起冤冤相報的後果。

當一個人學識功夫都很了得時，難免會想表現淩駕他人，偶一為之，可也。經常行之，不夠厚道，則易引起對方口服心不服，積怨日久，就會留下後患。

明夷卦第三十六

䷣

離下　坤上

明夷。利艱貞

彖曰：明入地中，明夷。內文明而外柔順，以蒙大難，文王以之。利艱貞，晦其明也。內難而能正其志，箕子以之。

象曰：明入地中，明夷；君子以蒞眾，用晦而明。

【現代解析】太陽西沈，黑夜到來，這是自然現象。當黑夜來臨，意味光明已離去，好時機已過去了，這是大環境的變化，不是本身的問題。只要不氣餒，不妄自菲

薄，耐心等待，堅守信念，韜光養晦，提升自我的適應力，並掌握環境的變化，待機而為，還是有利的。

當人事現象處於小人、昏君當政的黑暗時期，宜隱藏自己的光芒，該用柔的時候就應該用柔。有時候使用些非常手段也無妨，只要不違背法律及道德的原則下，為了天下蒼生，為了群體利益，使用非常手段也是正當的。

由卦象來看，太陽埋沒在地底下，光明受到了傷害。表示在這個時期的處境非常艱難，不容易施展自己的抱負。此時期，應該秉持自己內心文明，外表柔順的態度。

商朝紂王暴虐無道，比干強力勸諫，終遭挖掉心肝。箕子知道力諫不可，就裝瘋賣傻，避開殺身之禍，保留周代的命脈。周文王被囚羑里，也是以柔順兼用智巧手段才得出獄。相信只要活著就有無限可能。

初九，明夷于飛，垂其翼；君子于行，三日不食；有攸往，主人有言。

象曰：君子于行，義不食也。

〔現代解析〕在黑暗時代，君子應知有所為有所不為，不可因有志難伸，就隨便投靠他人，不知選擇，被人誘惑操控。俗語說：「人為財死，鳥為食亡。」在義理而言，應不食嗟來之食。

太陽下山，黑夜即將到來，倦鳥應快快歸巢宿，不可再遲疑。人事上亦然，處於惡劣環境，宜運用智慧潛藏自己，不應該像急病亂投醫似的，有奶就是娘，隨便投靠他人。

六二，明夷，夷于左股，用拯馬壯，吉。

象曰：六二之吉，順以則也。

〔現代解析〕馬車前進中受傷了，就用救援的馬來替代擔負的功能。隱示平時就應該多儲備資源，培養多樣謀生技能，當景氣不佳時，還有其他資源可以派上用場。未雨綢繆，企業體平時就應該有多項因應景氣不佳時的策略，應變行事，就不會影響大局。

九三，明夷于南狩，得其大首，不可疾貞。

象曰：南狩之志，乃大得也。

〔現代解析〕 當處於不利環境，轉移目標往往會有意想不到的收穫。例如國家內政經濟搞不好，引起人民不滿，此時領導者就把重心擺在拼軍事、外交上。因為要快速搞好內政經濟是不可能的話，這也是策略上的運用。改革一事本來就不可急就章，宜漸進地進行。

六四，入于左腹，獲明夷之心，于出門庭。

象曰：入于左腹，獲心意也。

〔現代解析〕 在光明受到傷害的時代，或一個人處於劣勢下，如果發現對手欲攻擊你的要害，將你置之死地的意圖，就要趕快逃離，以免遭到不測。

例如微子為紂王之兄，獲知紂王的殺戮意圖，就趕快逃離隱退下來，後來才得以保存祖先的香火。

六五，箕子之明夷，利貞。

象曰：箕子之貞，明不可息也。

〔現代解析〕 箕子的裝瘋賣傻，是因為箕子了解自己的力量處境已無可挽回，明哲保身，裝瘋是權變的手段。留得青山在，才能再有生路。外表瘋了，內心那一把光

明的信心之火還是永不熄滅的。做人有時候為了顧全大局也是要裝糊塗，道理是一樣的。

上六，不明晦，初登于天，後入于地。

象曰：初登于天，照四國也；後入于地，失則也。

〔現代解析〕 小人得志居高位，不明高處不勝寒的道理，威風凜凜，不可一世的樣子，胡作非為，淫威肆虐，有失天道。最後將自食惡果。所以人生得意時，不可失去做人的道理，還是要有危機意識才好。

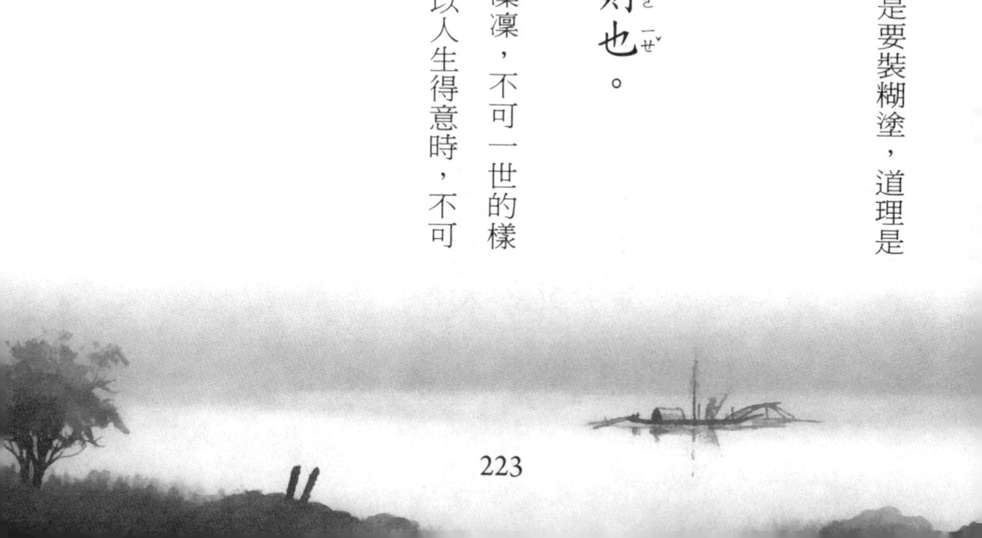

家人卦第三十七

離下　巽上

家人。利女貞。

彖曰：家人，女正位乎內，男正位乎外，男女正，天地之大義也。家人有嚴君焉，父母之謂也。父父，子子，兄兄，弟弟，夫夫，婦婦，而家道正，正家而天下定矣。

象曰：風自火出，家人；君子以言有物而行有恆。

〔現代解析〕女人的一生是家人的見證，家中若沒有女人就不是完整的家。家有賢妻，國有良臣，一定成功興旺。婦女守正，盡本分儉樸持家。臣子、員工安分守正，盡忠職守。家庭、公司內部能夠團結，才能夠治外。

婦女以儉樸持家，先生以勤奮在外工作，夫婦都能各盡其職分，這乃是天地之大道理。

家有家規，國有國法。父母親應有莊敬尊嚴的風範，領導者要有讓人敬佩的典範。人倫次序，父父、子子、兄兄、弟弟、夫夫、婦婦都要守分守正。每一個家庭都能端正家道，則天下就可以安定了。

我的愛就是你的家，家是天下最溫暖的地方。卦象，風自火出，家人圍爐而聚，受傷或疲憊者必返家療傷休養。家，好比是一個加油站、驛站、堡壘、安樂窩、搖籃。也是成功者光宗耀祖的地方。

家人相處要以包容、誠懇、和諧的感覺對待，而非以空洞說教來治家。家教要言之有物，有具體內容、有所依據、有所原則，如此一來，家道才能夠運作長久。

初九，閑有家，悔亡。

象曰：閑有家，志未變也。

〔現代解析〕誠意、正心、修身是齊家之本，亦是不可改變的倫理原則，治家若能夠預防不正當的行為養成的話，就不會後悔。例如教育子女應從小就要教育。媳婦娶進門，一開始就要告之家規，防患於未然也。

六二，无攸遂，在中饋，貞吉。

象曰：六二之吉，順以巽也。

〔現代解析〕家庭主婦在家主持家務事，只要能夠做到好分內的事，照顧好全家人的三餐飲食無缺，不應該插手干預外面的事務。做個稱職順從的家庭主婦就可以

了，也不要常想去完成其他心願，日子就會過得很好。本爻辭意旨要人人各司其職，做好慣性的工作，不應做非分之想，或利用職務之便，而循私枉法。

九三，家人嗃嗃，悔厲，吉；婦子嘻嘻，終吝。

象曰：家人嗃嗃，未失也；婦子嘻嘻，失家節也。

〔現代解析〕 家庭事務繁瑣，所以治家要嚴謹，寧可嚴肅一些，也不要太鬆散。家規要嚴，父母要嚴肅，只要不太苛刻便是，子女才會賢孝。君無戲言，做父母的不可嬉笑怒罵，沒規沒矩，否則家道衰落，就會有損失。

六四，富家，大吉。

象曰：富家大吉，順在位也。

〔現代解析〕大家都能堅守自己的崗位，又能柔順待人。如此這般修身齊家，必定能大大的富有，擁有物質與精神皆富有的家。幸福富貴之家來自積善之家的良性循環是也。

九五，王假有家，勿恤，吉。

象曰：王假有家，交相愛也。

〔現代解析〕人人要有天下一家的王道思想，由家庭內部相親相愛，推而廣之，到了家庭與家庭間也互相尊重敬愛。敦親睦鄰，四海為一家，就毋須憂慮。這就是由內聖而外王的道理。

上九，有孚，威如，終吉。

象曰：威如之吉，反身之謂也。

〔現代解析〕

公司或家庭的每一個成員都能誠實與反省，老闆或家長更能以身作則，那麼就能建立起威信。公司員工或全家人要有生命共同體的體認，同舟共濟，大家都反求諸己，修身進德，公司或家庭就會快樂吉祥。

睽卦第三十八

兌下　離上

䷥

睽。小事吉。

彖曰：睽，火動而上，澤動而下，二女同居，其志不同行。說而麗乎明，柔進而上行，得中而應乎剛，是以小事吉。天地睽而其事同也，男女睽而其志通也，萬物睽而其事類也。睽之時用大矣哉！

象曰：上火下澤，睽；君子以同而異。

【現代解析】天道與地道是相呼應的，雖然天道在上，地道在下，但它們的規則是一樣的，它們的功能都是在育化萬物。男人與女人在體質上也不一樣，但善良的本質與相互吸引喜歡是相同的。萬物也是各聚其類，其成長過程也是類似的。由此可知，同中有異，異中有同。所以當人與人的意見不同，志趣不相投，正如雞同鴨講，背道而馳時，應該尋找出共同的規則與共同的目標，只要能達到總的目的，求同存異，就是最好的整合策略。

當外在環境無法如己所願時，不應該大膽作為，標新立異，只要做好平時常做之例行事物即可。應該順時而行，配合環境，尊重少數，或與人溝通、妥協、合群。愛其所同，敬其所異，摒棄主觀意識。大家都有為家、為團體好的共識，自然可以化解乖違的現象。

初九，悔亡，喪馬，勿逐，自復；見惡人，无咎。

象曰：見惡人，以辟咎也。

〔現代解析〕俗語說：「冤家宜解，不宜結。」何況世事難料，人情反覆無常。吾人應持寬大雅量，容納異己，不可得罪你討厭的人，尤其惡人當道時，也要與其虛與委蛇。是為了避免災害臨身。當事過境遷，還是會回復到好的局面。如同走失的馬，不用急著去追，過後牠自己就會尋路回來。

九二，遇主於巷，无咎。

象曰：遇主于巷，未失道也。

〔現代解析〕人在行背運時，韜光養晦，克勤克儉，都出入於市井小徑，即使遇到了主人，也沒有什麼可恥不對的。人生本來就有起伏。順境逆境都會有，逆境時本來就應該節儉，這是合理的。

六三，見輿曳，其牛掣，其人天且劓，无初有終。

象曰：見輿曳，位不當也；无初有終，遇剛也。

〔現代解析〕行運走到最低潮，身心均受到創傷，有如受刑人被刺青割鼻子。但生命是可貴的，絕不可輕言放棄。如能以寬恕心，並有著堅強的生命力，就可以存活下來，也才會有機會遇到貴人相助，得以脫離困境。

九四，睽孤，遇元夫，交孚，厲，无咎。

象曰：交孚无咎，志行也。

〔現代解析〕平時若能與人誠信交往，當境遇不佳被孤立時，才會有貴人來聲援。雖然有一時的危險，但終究沒有災咎。所謂「得道者多助」有異曲同工之妙，可以渡過危險。

若行事作風孤傲，則容易被孤立，不可不慎。

六五，悔亡，厥宗噬膚；往，何咎？

象曰：厥宗噬膚，往有慶也。

〔現代解析〕在睽違的時期，大家都經歷了噬膚之痛。做為一個領導者如能以關懷之心去探望大家，則大家更能夠團結在一起。大家合異為同，唇齒相依，力量就更大了。當然是無咎了。

上九，睽孤。見豕負塗，載鬼一車，先張之弧，後說之弧。匪寇婚媾，往，遇雨則吉。

象曰：遇雨之吉，群疑亡也。

〔現代解析〕

孤傲的人或離群索居太久的人，容易以多疑之心去看事物，杯弓蛇影似的，好像爻辭所說的，看到車上的泥巴沾身的豬，以為是鬼，拿起弓箭就要射，再看清楚一些，原來不是鬼，也不是壞人，而是帶著禮物（豬）要來求婚的。

疑心病會讓人不明事理，心情不穩定，判斷容易出錯。若要去除心中的鬼，先要冰釋前嫌，放下孤僻的個性，與眾人配合，異中求同。則人和萬事成。

蹇卦第三十九

䷦ 艮下 坎上

蹇。利西南，不利東北，利見大人，貞吉。

彖曰：蹇，難也，險在前也。見險而能止，知矣哉！蹇，利西南，往得中也；不利東北，其道窮也；利見大人，往有功也；當位貞吉，以正邦也。蹇之時用大矣哉！

象曰：山上有水，蹇；君子以反身修德。

〔現代解析〕 卦象是山上有水，表示前方有險難。山上有水必然急沖而下，急難當頭之象。人生遇到險難時，應知難而止，才是明智之舉。先穩住自己，再尋求因應

之道，將它克服。

險難本身並不可怕，可怕的是碰到險難還不知道反省，找出原因，為何會遇到險難。事出必有因，是否自己努力不夠或德行不佳或忽略環境的變化等等。務必要冷靜思考，務實修德，不可怨天尤人。

時勢造英雄，遇到險難時，也許正是考驗人生，以及磨鍊成長的最好時機。在此時期，應該去拜見有能力或專業人士，尋求扶助，就可渡過險難。

遇到險難時，更應該以坤卦柔順的德行去適應，並設法到比較安全平坦之地，另謀克服之策。勿再往高山險阻之地，或一籌莫展停止不前，也不思因應之道。或魯莽盲目衝撞，都將更為不利。

領導者若能與下屬共患難，同舟共濟，同心同德，則再大的險阻也是可以克服，並成就了自己。

初六，往蹇，來譽。

象曰：往蹇來譽，宜待也。

〔現代解析〕歷險歸來的人，總是會受人激賞。遇到險難時，能夠知止，不再貿然前進，回來重新整裝，等待時機再行動。會處理危機的人，才會受到稱讚。畢竟大眾都是欽羨成功的人。

現實生活中，譬如一架飛機起飛後，遇到天候惡劣，評估狀況後，不再前往而折回，應該受到肯定的。

六二，王臣蹇蹇，匪躬之故。

象曰：王臣蹇蹇，終无尤也。

〔現代解析〕君與臣都身處重重艱難危險時，只要衷心為國為民，不以己私為計，也

不臨陣脫逃、臨危變節，堅守崗位，共渡時艱，是不會有怨尤的。現實生活中，比如一個貧困的家庭，雖身處惡劣的物質生活條件，但全家人依然以感恩的心過日子，不怨天也不尤人，心境就會快樂，那麼也不會有什麼過失了。

九三，往蹇，來反。

象曰：往蹇來反，內喜之也。

〔現代解析〕 當遇到艱險時，能知行知止，檢討反省，記取教訓。反而內心喜悅能得到可貴的經驗。成功的人往往借助別人的經驗做為自己的知識。有智慧的人也不會再犯同樣的錯誤。任何挫折都是寶貴的一課。

六四，往蹇，來連。

象曰：往蹇來連，當位實也。

〔現代解析〕在險難的時候，不可一再重蹈覆轍，宜回到正道，實實在在的耕耘，聯合大家的力量，想辦法去解決困難。同時再聯繫昔日友人、戰友等，多多培養感情總是好的。

九五，大蹇，朋來。

象曰：大蹇朋來，以中節也。

〔現代解析〕當領導者處在非常險難時，宜沈著堅持中道。德不孤，必有鄰。終究會有同樣受難的人前來營救。既然同是天涯淪落人前來投靠，此時就宜做好控制，分配工作，幫大家解決問題，如此才能受到大家的擁護。

上六，往蹇，來碩，吉。利見大人。

象曰：往蹇來碩，志在內也；利見大人，以從貴也。

〔現代解析〕

歷經滄桑艱難過來的人，不外乎有堅定的意志、目標和毅力。同時從艱難中，也獲得豐碩的經驗和智慧的提升。畢竟能夠從堅困中站立起來的人，一定會受人肯定與讚美敬佩的。

解卦第四十

䷧ 坎下 震上

解。利西南，无所往，其來復，吉。有攸往，夙吉。

彖曰：解，險以動，動而免乎險，解。解，利西南，往得眾也；其來復吉，乃得中也；有攸往夙吉，往有功也。天地解而雷雨作，雷雨作而百果草木皆甲坼，解之時大矣哉！

象曰：雷雨作，解；君子以赦過宥罪。

〔現代解析〕 要化解問題或壓力，宜心情放鬆，緩步、平實柔順地進行，才能夠得人

心。若是採取緊急應對措施，即使措施良好，但為了解決壓力，反而又製造新的壓力。所以說：「解者，緩也。」

有時候，時間也是解決問題的方法。經過艱險後，百廢待舉，宜休養生息。還沒有找到發展機會時，宜回到原位，記取教訓，允執厥中，等找到復始的關竅後，才能夠解脫。

若是化解問題的時機到來，或有合適發展機會，就要及時抓住，勿遲疑，順勢利導。有明確的計畫就要積極採取行動，及時雨和來得巧，是最有效的。

卦象是雷雨交加，表示解決問題要恩威並重，如雷之威嚴，如雨般的恩澤。做為一個領導者，對於犯錯者要給予嚴厲的懲罰，也要因應時機給予寬恕。例如在非常時代所犯的罪，隨著時代變遷，也可以採取特赦或減輕懲罰。有如自然界在艱困的冬天過後，春雷春雨下來，萬物同生。罪人重生似的。這是行仁道啊！

初六，无咎。

象曰：剛柔之際，義无咎也。

〔現代解析〕危險才剛勇敢的渡過去，之後，若能降低欲望不要再強出風頭，只求穩定成長，則不會有什麼災難，也不會受到責難。

九二，田獲三狐，得黃矢，貞吉。

象曰：九二貞吉，得中道也。

〔現代解析〕只要用正直、光明、中庸的原則去解除困難問題，就會很有效益的排除障礙，去除一群小人之亂，得以過關斬將，大有收穫。

六三，負且乘，致寇至，貞吝。

象曰：負且乘，亦可醜也；自我致戎，又誰咎也？

〔現代解析〕人品和能力要與地位相稱。小人得志，往往貪鄙而自暴其短，享受不該

有的享受，又不照規矩辦事，行事昏庸，就會招惹災禍，那是因為自己名實不相符，豈能怪怨他人。

九四，解而拇，朋至斯孚。

象曰：解而拇，未當位也。

〔現代解析〕要去除自己的自大狂，同時又擺脫小人的糾纏，才能取得朋友的信任。有了誠信以後，不可以鬆懈，還要等待其他可借助的資源做為助力，才能夠真正解決其他的問題，若只有用腳痛醫腳的方法，並非根本解決之道。

六五，君子維有解，吉，有孚于小人。

象曰：君子有解，小人退也。

〔現代解析〕君子以不戰而屈人之兵的方法，讓小人退去而改過遷善，用的是以身作則，誠信的原則，說到做到。將一切制度合理化、制度化，是非分明，完全沒有模糊空間，那麼小人就無可遁形，自然會退去。

上六，公用射隼于高墉之上，獲之，无不利。

象曰：公用射隼，以解悖也。

〔現代解析〕居在上位的領導人，對於窮凶惡極的惡首，為了防止其叛亂，宜儘速選擇時機、方法將惡首排除掉。有如站在高崗上，抓對時間將惡鳥射下來。在團體中也是一樣，要抓對時機，採取斷然嚴厲手段，將違害團體的首惡份子排除掉，那麼團體才能夠安寧發展。

損卦第四十一

䷨

兌下　艮上

損。有孚，元吉，无咎，可貞。利有攸往，曷之用？二簋可用享。

彖曰：損，損下益上，其道上行。損而有孚，元吉，无咎，可貞，利有攸往，曷之用，二簋可用享，二簋應有時，損剛益柔有時，損益盈虛，與時偕行。

象曰：山下有澤，損；君子以懲忿窒欲。

〔現代解析〕　序卦傳：「緩必有所失，故受之以損」。一般人若沒有及時抓住時機，就

會有損失。損卦是指處於虧損時期，這也是自然現象，榮枯興衰、損益、盈虛、消長往來是必然的。但值損卦時期，就要懂得節省，不再浪費。

政府財政困難時，往往增加人民賦稅，達到損下而益上，但若能取之於民而之用於民，使人民對政府有信心，那麼就不會有災咎，而且能持續維持住政府的誠信，要再繼續開源，就更有利了。

在節流方面，也要因時、因事、因人而為，並非愈簡單愈好。例如有時候僅用簡單兩籃子的供品祭祀，只要內心誠意地祭祀也無妨。或當自己能力不足不要損己而能益人，也不在乎多少，誠意最重要。

在人際關係方面，本來就是有損才會有益，有來就有往，所謂禮尚往來，雙方都互惠雙贏，交往才會長久。

在修身養性方面，要抑制自己的偏激衝動行為，嚴以律己，並要減損不當的貪慾。如老子說：「為道日損」、「損之又損，一直到無所為」。

初九，已事遄往，无咎，酌損之。

象曰：已事遄往，尚合志也。

〔現代解析〕有能力幫助他人，就要儘速去做，但也要斟酌自己的能力，量力適度、適時而為。損與益要詳細考慮，對方受了益自己只減損一點，損己利人的善行，成人之美，何樂不為呢？

九二，利貞，征凶。弗損，益之。

象曰：九二利貞，中以為志也。

〔現代解析〕在虧損時期，不宜再有過激的行為，只宜守住中庸之道，要善待自己，設立停損點，不損己又能達到益人是為上策。例如對於不值得同情的人，也不需

要勉強自己去幫助他。有時不去幫他，反而能使他站立起來。例如，朋友有難，能力範圍內適度的資助幫忙則無妨。倘若超過自己能力再去借貸來幫，最後可能造成雙方都垮掉，就不值得了。

六三，三人行，則損一人；一人行，則得其友。

象曰：一人行，三則疑也。

〔現代解析〕救損之道無他，一定要同心協力，記取三個和尚沒水喝的道理。大家共事，若互相猜忌，推諉塞責，就無法完成工作。因此，權責劃分清楚，每個人各司其職，有問題時大家就會相互支援。

六四，損其疾，使遄有喜，无咎。

象曰：損其疾，亦可喜也。

〔現代解析〕在虧損的階段，能夠儘快地改掉壞毛病，例如浮濫開支，寅吃卯糧，借貸過日等壞習性，那麼不會再繼續拉大損失，復原有望，就會快樂起來。

六五，或益之十朋之龜，弗克違，元吉。

象曰：六五元吉，自上祐也。

〔現代解析〕做為一個領導者，雖居尊位，但為人謙恭，隨時都想損己益下，反而能夠得到廣大部屬的支持擁戴，自然理當受之。這是因為依天理行事，就可以得到上天的保祐。

上九，弗損，益之，无咎，貞吉。利有攸往，得臣无家。

象曰：弗損，益之，大得志也。

〔現代解析〕

當一個人是完全奉獻時，心胸曠達，以天下為公的思維，損到極點，反而是增益，大捨即大得也。能夠做到這個層次的人是大格局和從大處著眼的人，損對他來講是無損。反而更受人尊敬與支持。

益卦第四十二

䷩

震下　巽上

益。利有攸往，利涉大川。

彖曰：益，損上益下，民說无疆；自上下下，其道大光；利有攸往，中正有慶；利涉大川，木道乃行；益動而巽，日進无疆；天施地生，其益无方；凡益之道，與時偕行。

象曰：風雷，益；君子以見善則遷，有過則改。

〔現代解析〕好的時機到來，要勇於開創奮鬥，不去行動是沒有用處的。人有了善念

也要付諸行動，方能受益。慈悲心起而又能行，即是種善因，結善緣，亦是得益的開始。

為政者若能體恤下情，損己之享受，普施濟於民，必然會得到廣大人民的支持愛戴。本來取之民，就應該用之於民。順從道理而行，就能將道義發揚光大。

從卦象看來，風與雷是相互助長，而使氣勢增進。進德修業就應仿傚「風」的精神，做個追風族。因為風是溫和恭遜，無孔不入的吸收新知嘉言。見善則遷是也。同時也要仿傚震雷的果斷進取，主動改掉自己的過失。如此一來，每天都能累積嘉言善行，增強品德上的美德。人生過程本來都是累積在一點點的小事上來增益的。

上天廣施恩澤於大地，大地得以生生不息發展，這些都歸功於得益四時、雷雨、陽光等，亦得益於萬物循環，所以「益」之道，宜掌握時機，隨時機來酌情進行。總之，想要獲得就得先付出。

初九，利用為大作，元吉，无咎。

象曰：元吉无咎，下不厚事也。

〔現代解析〕平時等待已久的機會來了，就要及時抓住，大大的發揮，只要是為團體大眾的利益為出發點，都不會有災咎的。此時期，猶如一個小職員受到上司的恩賜，做為一個小職員也要回饋上司，只要做好自己分內的工作，好好地努力發揮即可。

六二，或益之十朋之龜，弗克違，永貞吉。王用享于帝，吉。

象曰：或益之，自外來也。

〔現代解析〕當有人送來大禮物，往往是錦上添花。在處於順境得勢時，外來的助力就自然會特別多，此時不可矯情推辭，可以接受，但要懂得以誠敬的心去支配運用它。例如政治獻金大都是捐給當權者，當權者可以收受，但要善於支配此筆外來的捐獻，就會吉祥。

六三，益之用凶事，无咎，有孚中行，告公用圭。

象曰：益用凶事，固有之也。

〔現代解析〕當需要向他人求助解危疏困時，一定要誠信，不可欺騙，還要遵守中庸的原則，互惠得體。要求他人救濟奉獻不可貪得無厭。誠信求人也並不可恥。

六四，中行，告公從，利用為依遷國。

象曰：告公從，以益志也。

〔現代解析〕 為了整體的利益，必須改變策略或搬遷時，一定要衡量對大家都有好處為原則，以合理又公正的方案稟告上司，如獲得採納，就能更增強自己的信心。例如古代國家遷都就是一件大事，也是不得已的事，為了全國人民著想，策劃遷都得以圖存。

九五，有孚惠心，勿問元吉，有孚惠我德。

象曰：有孚惠心，勿問之矣，惠我德，大得志也。

〔現代解析〕 在上位的人能廣施德澤於下屬，下屬亦能感恩於上，上下一心，誠信互愛。必然都能所遂如願。

上九，莫益之，或擊之，立心勿恆，凶。

象曰：莫益之，偏辭也；或擊之，自外來也。

〔現代解析〕

居高位者，不知謙虛，又不知助人，就容易被孤立起來。若再貪求無厭，需索無度，引發民怨，就會招受攻擊。主要原因在於立場不夠堅定，有時候什麼都要，有時候什麼都不給，為德不足也。

夬卦第四十三

䷪

乾下　兌上

夬。揚于王庭，孚號有厲，告自邑，不利即戎，利有攸往。

彖曰：夬，決也，剛決柔也；健而說，決而和。揚于王庭，柔乘五剛也；孚號有厲，其危乃光也；告自邑，不利即戎，所尚乃窮也；利有攸往，剛長乃終也。

象曰：澤上於天，夬；君子以施祿及下，居德則忌。

〈現代解析〉 當要與人決斷或要排除有權勢的小人，首先要有萬全的準備，不動聲色蒐集其不法證據，時機成熟時，為了避免自身招到危害，主動公告對方小人的罪

狀，並向大家宣告週知，以誠信道德勸說，號召團結志同道合的君子，合眾人的力量將小人排除。

例如在戰爭時，公佈暴君罪狀發表士兵勸降書，一開始先以道德勸說，爭取輿論支持，讓大家有共識，感化不成，俟時機成熟再發動攻擊。

卦象是澤上於天，恩澤是來自上天給予的。做為一個領導者應該明白這一層道理，高官厚祿是上天所恩賜的，是來自於基層的支持擁戴，並非完全是個人能力所及的。所以倘若身居高位，以為是自己的德行高超，而為所欲為，貪贓枉法，利用權勢征斂搜括，就太不應該了，終將禍及子孫。

在修心養性方面，要能摒除決斷自己心中的小人，那個小人就是心魔，心魔不除，就無法覺知良知良能。排除心魔是無法靠武力或任何激烈的手段，必須參悟覺察心魔的原因，讓其現形，它也就會自然消失。

初九，壯于前趾，往，不勝，為咎。

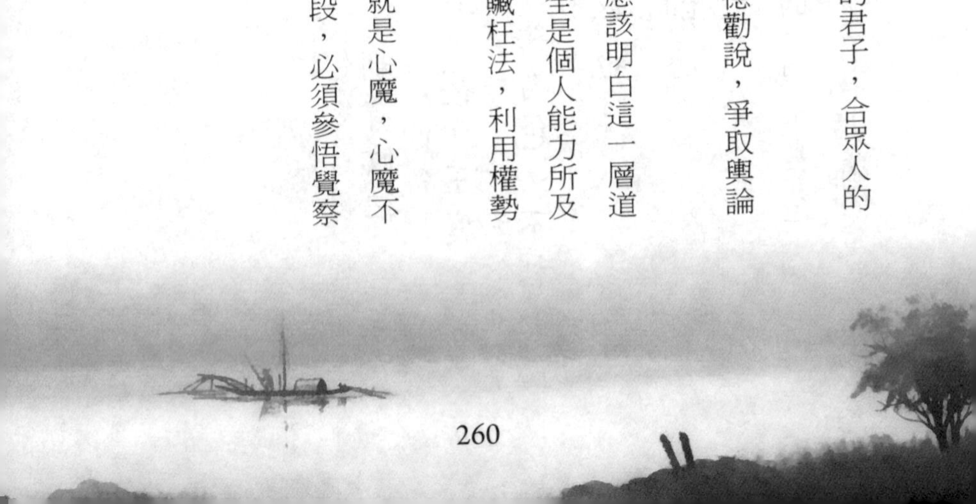

象曰：不勝而往，咎也。

〔現代解析〕若想要排除小人或敵對之人，絕對不可有勇無謀，憑著血氣之勇，暴虎馮河與人對抗，勉強前往，不成功便成仁，只會帶來災咎罷了。

這一爻辭啟示我們，團隊中不可單打獨鬥，最好還是要注重團隊合作的精神，遵從上級的領導，沒有助援是會很危險的。

九二，惕號，莫夜有戎，勿恤。

象曰：有戎勿恤，得中道也。

〔現代解析〕決斷小人要有萬全準備，枕戈待旦，隨時都要保持警覺性，預防小人的反擊。將自己處於最有利的位置，就不用擔憂，同時選對時機趁夜拂曉攻擊，絕

不心軟，勝利決定在出手的時機。

九三，壯于頄，有凶。君子夬夬，獨行遇雨，若濡有慍，无咎。

象曰：君子夬夬，終无咎也。

〔現代解析〕 決定要去除小人，不可動聲色，表面上要保持妥協，虛與委蛇。只要下定決心，就要義無反顧，暗中策謀進行，不宜操之過急，若將反對的心寫在臉上，是會失敗而有凶險。過程進行中可能會被人誤會是與小人同黨，但最後目的是將小人除去，這樣權變的做法是不會有災咎的。

九四，臀無膚，其行次且，牽羊悔亡，聞言不信。

象曰：其行次且，位不當也，聞言不信，聰不明也。

〔現代解析〕當要除去小人時，有了良好的策略行動就要果斷，不可遲疑不前，失去先機。有時候要聽信智者之言，例如牽羊為例，牽羊宜讓羊在前面自己走，人跟在後面，不可人走在前端硬拉著羊。這告訴我們決斷小人要跟隨團體行動，不可衝動，也不可遲疑。這一層道理若是聽不進去，就是愚蠢的人。

九五，莧陸夬夬，中行无咎。

象曰：中行无咎，中未光也。

〔現代解析〕與小人相處久了，想要除去時，在心理層面而言，會有些矛盾。若能以感化的手段讓小人改過遷善是最上策。但若使用力量以行動除去小人，只要持平常心為之，毋須大肆張揚，也不會有錯咎，只是沒有發揮中庸寬恕的道理罷了。

上六，无號，終有凶。

象曰：无號之凶，終不可長也。

〔現代解析〕倒行逆施，為惡多端的得勢小人，畢竟不會太長久的，遲早都會被除去。甚而災禍降身，自食惡果。即使呼天搶地的哀號，也沒有人會理睬。

另解：平常喜歡投機取巧不循正軌處理事物，一旦遇到複雜性事物，一籌莫展又無處叫號，大家也都不予理會，終致凶矣！

姤卦第四十四

䷫

巽下　乾上

姤。女壯，勿用取女。

彖曰：姤，遇也，柔遇剛也。勿用取女，不可與長也。天地相遇，品物咸章也；剛遇中正，天下大行也。姤之時義大矣哉。

象曰：天下有風，姤；后以施命誥四方。

〔現代解析〕姤，是相遇、遇合之意。天地陰陽氣相遇，萬物才能生生不息。相遇本來是一件好事，但有時相遇反而是帶來苦難。好壞沒有絕對，端賴相遇是否適

時、適度而定。

例如一個女子混入一群男人堆裏，萬綠叢中一點紅，本來是很美的事，但此女子若不守貞潔，到處劈腿，就不可與此女子長相廝守了。

萬物相遇，看似不期而遇的邂逅，其實還是有一定的相約，才能相遇。例如四時更迭，原本就是相約而來的。以消息卦而言，夬卦的上六爻被排決掉以後，接著是六個陽爻的乾卦，再接著便是一陰爻生的姤卦，這陰陽爻盈虛消長，本來就是相約而來。人的一生也是一種相遇，因緣和合而聚。但命運卻是在眾多的相遇中決定於自己的選擇。

古代農業社會，都依四時節氣從事農事活動，何時播種、除草、收割等的信息都是配合天道。領導者就依此理，推行政令時都要詔告天下，互相配合。

初六，繫于金柅，貞吉。有攸往，見凶。羸豕孚蹢躅。

象曰：繫于金柅，柔道牽也。

〈現代解析〉天道自然的規律，本來陰陽就是互相適時、適度牽制著。懂得這個道理，才會吉祥。例如初爻陰爻居陽位，代表小人勢力起來，就應該知道嚴控牽制住，不讓其越軌。如同開車要知道何時應踩煞車，才不會危險。小人隨時都在徘徊等待機會，做出邪惡行為。所以隨時要將小人牽繫控制住。

九二，包有魚，无咎，不利賓。

象曰：包有魚，義不及賓也。

〈現代解析〉陽消陰長，本來也是自然的規則。應該互為包容，融洽相處。道義上，不應分主賓關係。長官只要管控住部下，老闆監控好員工，丈夫嚴管住妻女，君子約束小人，大家融洽相處，就不會有任何災咎。爻辭示意：相遇要互相包容牽制，如同將魚包裹起來，魚兒就不能像在水中為所欲為了。

九三，臀无膚，其行次且，厲，无大咎。

象曰：其行次且，行未牽也。

〔現代解析〕臀部皮膚受傷，會受到牽制，影響行走。譬喻若不能控管住小人，就會受到小人的牽制，而影響到自己的行動。痛苦行走，雖無大礙，但也有小咎。

九四，包无魚，起凶。

象曰：无魚之凶，遠民也。

〔現代解析〕領導者遠離人民，也不親民，又沒能包容牽制住小人。一時興起，往往會做出遺憾後悔的凶事。

九五，以杞包瓜，含章，有隕自天。

象曰：九五含章，中正也；有隕自天，志不舍命也。

〔現代解析〕好的領導者，外表樸實，內涵豐富又高尚，好比以樸實的瓜藤包著甘美的瓜果。五月瓜熟蒂落，時機成熟，天命自天而降，天賜良緣，有為的領導者不可違背自然的規律，心志要堅定除去小人。但要以德操來包容，俟時機成熟，小人自己會殞落的。

上九，姤其角，吝，无咎。

象曰：姤其角，上窮吝也。

〔現代解析〕行事高傲，不肯屈就與小人接觸，雖被視為偏狹而被孤立。感覺上，有

如被逼到角落碰壁，形勢無法再往前進，又沒有迴旋空間。看起來好像人生有所不足，但是不與小人接觸，不受其害，也是沒有錯。

萃卦第四十五

坤下　兌上

萃。亨。王假有廟，利見大人，亨，利貞。用大牲，吉。利有攸往。

彖曰：萃，聚也。順以說，剛中而應，故聚也。王假有廟，致孝享也；利見大人亨，聚以正也。用大牲吉，利有攸往，順天命也。觀其所聚，而天地萬物之情可見矣。

象曰：澤上於地，萃；君子以除戎器，戒不虞。

〔現代解析〕萃卦是聚集之意，例如人文薈萃，水聚成澤，物以類聚。若是動機純正的聚集，都是志同道合之士相聚，同心協力，堅持原則，共同議事，大家愉悅順從，一定是有利於開創事業。

古代君王到廟裏，以豐盛的牲禮虔誠祭拜祖先，利用宗廟的功能，聚集賢能之士，祭祀後大宴賢士，來團聚人心。

現代的領導者也應該效法，要用誠意重金禮聘賢達之人才，做正當之事業。好人與好人相聚，就更有一番作為。

但是澤滿為患，所以當人聚集得愈多，若是沒有有效管理，就容易變成烏合之眾，惹是生非的暴民，不得不警惕在先，事前做好武器整備，以防意外不時之需。

當錢財聚集愈多時，危險也增加。人所需要的並不多，但想要的卻不嫌多。錢財多，若不做好分配運用計畫，反而會為財所累，貪得無厭者更甚，不得不慎。

初六，有孚不終，乃亂乃萃。若號，一握為笑，勿恤，往，

无咎。

象曰：乃亂乃萃，其志亂也。

〔現代解析〕當人氣剛聚集時，大家都客客氣氣，以誠相待。但相處久了，就會互相猜疑。若是沒有堅定的目標，及有效的制度，很容易迷亂不知所從。假使能夠呼叫求助於有影響力的人來共同議事，就可以統一意見，同心同德。所以只要以正當意志赴會，就不須擔憂，不會有災。

六二，引吉，无咎。孚乃利用禴。

象曰：引吉无咎，中未變也。

〔現代解析〕相聚時大家的志向、目標一致，團結力量就會大。身為領導者應該懂得

利用人氣，宜將人群引導於正途。猶如只要有誠意，即使利用簡單的祭典，也會蒙上天的恩賜。

六三，萃如嗟如，无攸利。往，无咎，小吝。

象曰：往无咎，上巽也。

〔現代解析〕由於自己所處的地位與理念無法被他人支持，悲嘆於無法聚集人氣。身邊有力的援助者，又不是正派之人，與自己的理念也不合，若與之相聚，不會有什麼利益可言。但只要秉持戒慎謙遜的態度與上層相處，雖有小吝也不會有什麼大問題才是。

九四，大吉，无咎。

象曰：大吉无咎，位不當也。

〔現代解析〕當人氣聚集時，當然是大吉，但若不懂得謹慎小心，或動機不純正。只圖一時的歡聚，得意忘形，接著就會有災咎。自古多少功臣不明伴君如伴虎的道理，而招殺身之禍。功臣的角色地位已經不一樣時，就得小心戒慎了。

九五，萃有位，无咎匪孚，元永貞，悔亡。

象曰：萃有位，志未光也。

〔現代解析〕領導者的威望若未能孚眾望，得到大家的信任，就應該反求諸己，堅守立場，並要以德行來感召，才能獲得部屬的信任，那就不會懊悔。

上六，齎咨涕洟，无咎。

象曰：齎咨涕洟，未安上也。

〔現代解析〕 孤高之人，容易被孤立。做為一個領導者若是得不到有力的人才來相輔，是無法成功的。俗語說：「一個好漢，九人幫。」領導者若能知其危，傷心悲嘆之餘而能反省奮勉，就不會有災咎。

升卦第四十六

䷭

巽下　坤上

升。元亨，用見大人，勿恤。南征，吉。

彖曰：柔以時升，巽而順，剛中而應，是以大亨。用見大人，勿恤，有慶也。南征吉，志行也。

象曰：地中生木，升；君子以順德，積小以高大。

〔現代解析〕在人事上，只要聚集了學識、道德、人脈，有了堅實的基礎，就有上升的機會。

在自然界中，萬物只要有適宜的環境，就能生長延續。例如種子得時宜，就能向

下札根，向上生長，根札得愈牢，就可向上升得愈高。

要做大事業者，要有計畫與手段追隨有力人士，但不可以違背順應自然原則，以柔順的態度，和積極樂觀的行動去奮鬥，就能得到貴人的援引和提拔上升的機會。

君子應效法樹木的生長，是由下不斷地往上生長。做人也是一樣，要不間斷的進德修業，不斷累積學識、涵養與經驗，積小善小德，終成盛德大業。誠所謂「台上十分鐘、台下十年功」及「十年樹木、百年樹人」。做人不可存一夕成名致富的速成念頭。要成功必須隨時把握對你有幫助的任何機會，並要有謀略、按部就班順勢而為，向著光明的理想目標去進行，必然吉利。

初六，允升，大吉。

象曰：允升大吉，上合志也。

〔現代解析〕 處於最基層時，要以誠信做基礎去追隨有力人士，並符合上層者的心意與期望，就能得到升遷，所以大吉。

九二，孚乃利用禴，无咎。

象曰：九二之孚，有喜也。

〔現代解析〕可以利用宗教信仰的力量，來取信於群眾。即使是用簡單的祭祀，只要誠心誠意，也不須太拘泥於形式，就可以取信於人，得到民眾的認同與支持，以之做為升進的基礎，將來成功就有喜了。

九三，升虛邑。

象曰：升虛邑，无所疑也。

〔現代解析〕有了先前的基礎，就不用再懷疑，要相信自己，堅定信念，勇敢向前面

大目標大膽前進。上層有職缺就可以升進，愈向上升進，前方就愈少人競爭，有如走進空城，可以發揮的空間就愈寬廣。此時更需要不斷充實提升自己。

六四，王用亨于岐山，吉，无咎。

象曰：王用亨于岐山，順事也。

〔現代解析〕祭祀天地、祖先本來就是應該做的事，所以為了順應天，應乎人就得利用祭祀，才能順大眾的意志。也只有符合大眾的利益，面面俱到，各方面都考慮周詳，才能受到支持擁護。昔日周文王每年在岐山利用祭祀活動，召集了其他諸侯就是其例。

六五，貞，吉，升階。

象曰：貞吉升階，大得志也。

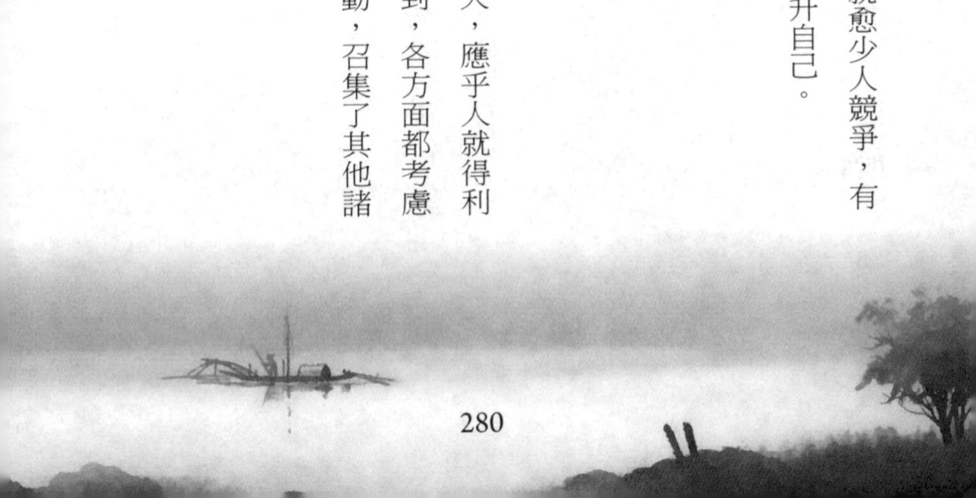

〔現代解析〕 人居高位，就更要堅守正道，清君側，多用賢人來輔助，才能吉祥。升到高階的梯子是群眾的基礎與自己的學養。所以假如變節不守正道，梯子也會倒下來。古往今來，多少居高位者都毀在一個「貪」字。

上六，冥升，利于不息之貞。

象曰：冥升在上，消不富也。

〔現代解析〕 高處不勝寒，上升到極點，要更小心行誼，應該消滅傲氣，謙虛處世，也不居功，無為而為，繼續保持堅定的道德修養，永不懈怠。如同萬物成長無聲無息卻生生不息。

在人事上，一個企業體成長到極限時，則應有所節制，不宜盲目擴張及睥傲同業。依然要努力不懈默默耕耘，企業體才能立於不敗之地。

困卦第四十七

坎下　兌上

困。亨，貞，大人吉，无咎。有言不信。

彖曰：困，剛揜也。險以說，困而不失其亨，其唯君子乎？貞大人吉，以剛中也；有言不信，尚口乃窮也。

象曰：澤无水，困；君子以致命遂志。

〔現代解析〕由卦象看澤中無水，是困象。當環境、時局不利發展時，就會有志難伸，陽剛發展做事業的氣被困抑住。人生過程遇到艱困的時候是很正常的。對於君子而言，反而將困境視為磨鍊意志的機會。說不定能激發出潛能，開創利益大

眾的偉大事業。例如文王在獄中演易。

「君子固窮，小人窮斯濫矣。」君子身居困境時，依然會堅守正道，保持應有的節操。不改其理想目標，內心懷著憂患意識，但外表依然保持樂觀、愉悅的態度。深諳受困時，人微言輕的道理，須隱忍，沈默是金，默默耕耘，以實際行動才能突破困境，不能坐以待斃。但是小人則不同了，小人受困時，往往就會失去原則，亂了方寸或自暴自棄等，什麼事情都可能會發生。

貧窮受困，有時候是大環境造成的，有時候是自己造成的。從卦象來看，內卦為坎卦，外卦是兌卦。若內心沒有憂患意識，外表又吊兒郎當歡樂過日子，很快就會碰到困境。或是內心雖有憂患意識，但杞人憂天，外表愁眉苦臉過日子。還沒遇到困境就被打敗了。要堅信困境並不可怕，堅強的靈魂是從困境中磨鍊出來的。子曰：「困而知之。」

初六，臀困于株木，入于幽谷，三歲不覿。

象曰：入于幽谷，幽不明也。

〔現代解析〕由於自己的糊塗、昏庸、不智，將自己陷入極端艱困的處境，坐立都難安。此時只能隱忍，思謀脫困之計。

九二，困于酒食，朱紱方來。利用享祀，征凶，无咎。

象曰：困于酒食，中有慶也。

〔現代解析〕艱困時，雖受困於酒食，但因為能夠剛中其德，奮發向上、自強不息，就會有貴人來援引。但剛接受到禮遇受聘，不可得意忘形，像祭祀般大事鋪張是會帶來災害的。若能安分守己就不會有災難。

六三，困于石，據于蒺蔾，入于其宮，不見其妻，凶。

象曰：據于蒺蔾，乘剛也；入于其宮，不見其妻，不祥也。

〔現代解析〕 人在不得志時，名望亦會受辱。「言而不信」，到處碰壁，進退兩難。甚至眾叛親離，家破人亡。這個時候的打擊可想而知。凡事有果必有因，往往是自己行為及心態不正所造成的，因為六三爻不得位，陰爻柔弱又沒作為，讓人瞧不起。要走出困境，惟有靠毅力與智慧了。

九四，來徐徐，困于金車，吝，有終。

象曰：來徐徐，志在下也；雖不當位，有與也。

〔現代解析〕 人在困境時，受困於金錢與交通工具。外來的救援總覺得遲緩。剛走出

困境，感覺富貴的到來當然是會慢一些。但只要沈穩以對，雖有小悔，還是會有好的結果。

九五，劓刖，困于赤紱，乃徐有說，利用祭祀。

象曰：劓刖，志未得也，乃徐有說，以中直也；利用祭祀，受福也。

〔**現代解析**〕當自己的志向無法實現，內心的煎熬比肉體的傷痕更苦。在此時就得依靠堅定的意志，內心安定，慢慢來，以真誠的信仰力量來突破困境。就像祭祀祈福，是心靈的力量，真心的信念，終於達成所願。不可以急躁，否則遂不如願，無喜悅可言。

上六，困于葛藟，于臲卼；曰動悔，有悔，征吉。

象曰：困于葛藟，未當也，動悔有悔，吉行也。

〔現代解析〕困難已經到了極端困境之地，甚至又被小人包圍，以至難以脫身。何以至此？因為自己身陷困境時，手段不正當，愈陷愈深又不知覺悟，才會造成這般地步。若不行動是無法脫困的，但要行動也會後悔。此時，若能知道及時反省悔改，糾正自己的行為，守住本分，再採取行動的話，還是可以脫離困境。

井卦第四十八

䷯

巽下　坎上

井。改邑不改井，无喪无得，往來井井。汔至，亦未繘井，羸其瓶，凶。

彖曰：巽乎水而上水，井；井養而不窮也。改邑不改井，乃以剛中也；汔至亦未繘井，未有功也；羸其瓶，是以凶也。

象曰：木上有水，井；君子以勞民勸相。

〔現代解析〕城邑可能會因人事的遷移而變化，但井水依然存在，沒有消失，也沒有

增得。照樣地取之不盡，用之不竭，供給人畜。

公司的人事會新陳代謝，異動不斷，但只要整個企業體健全，依然照樣運作，永不停歇。政權亦然。

人人心靈深處皆有一口井，蘊藏著自性水。也不會因人的成長及環境的變遷，而改變了人的自性。還是會湧出自性的生命力，永不乾涸。亦即——「人人有個靈山在。」

打水要正確，否則打水到一半，撞破了打水罐，就功敗垂成。這是啟示吾人任用人要有眼光，並且像打水般要小心謹慎。用對了賢人，就如同井水般服務大眾，造福人類。若用人不以才德，捨本逐末，沒有做失敗的預防準備，就會徒勞無功。誠所謂：「得人者昌，失人者亡。」

君子進德修業，應效法井卦，從基層幹起，永不停頓，勤勉工作，不斷開發潛能，跟上時代。摒棄私心，與人互動相互助益。

初六，井泥不食；舊井无禽。

象曰：井泥不食，下也；舊井无禽，時舍也。

〔現代解析〕舊井泥土淤積沒去整治，就會沒有水可以喝。連禽鳥都不會到來，人跡罕至，變成荒廢之井。同理，在人事上若不潔己修德，吸收新知，就會在時間的洪流中被淘汰拋棄。

經營企業，若疏忽管理，又沒有引進新思潮，就會停滯不前，而被淘汰出局。

九二，井谷射鮒，甕敝漏。

象曰：井谷射鮒，无與也。

〔現代解析〕井水原本是供養生畜之用，因荒久未治，現在只剩下養一些小魚，盛水之器也壞掉而無法汲水，只能射抓一些小魚。另一層意義：表示賢人流散各地，

沒有人援引，成為市井小民。這說明各種事物都應盡其用，才能發揮其效益，有關於人才更是必要。若不得時又無人進用，雖滿腹經綸也無益於世。

九三，井渫不食，為我心惻，可用汲。王明，並受其福。

象曰：井渫不食，行惻也；求王明，受福也。

〔現代解析〕已將井泥清理，水也乾淨了，但還不能讓人相信去取水來食用，真令人難過。好比有才德修養的人，未能獲得重用，也令人惋惜。真希望能夠遇到英明的領導者，能夠識人用才，共蒙其利，為眾人造福。

六四，井甃，无咎。

象曰：井甃无咎，修井也。

〔現代解析〕修理井之內壁，使其更堅固。也就是說，要進一步充實進修，加強自己，等待時機，吸引賢人。同理，企業體的組織結構也是要修飾完備，內部基礎穩固，才能永續經營。

九五，井冽，寒泉食。

象曰：寒泉之食，中正也。

〔現代解析〕能夠湧出清潔又甘涼的井水，在於選對地點，又能勤加維護的結果。也就是說，做為一個領導者要具備才德涵養，有如清涼的井水，外表溫和，才德內斂，方能施惠造福大眾。

另解：英雄往往出自草莽，即市井小民若能從基礎札根，才德兼修，往往就可以出人頭地。

上六，井收，勿幕；有孚，元吉。

象曰：元吉在上，大成也。

〔現代解析〕 在上位的人，要有寬大的心胸，無私的奉獻，和誠心誠意始終如一為民服務的精神。好像井水般取之不竭，不須要加蓋，讓大家方便享用。它還是源源不斷地湧出來。領導者若能有這般氣度和積德行善，就能大大的成功。一個人的氣度大小會與其成就大小成正比。

革卦第四十九

䷰

離下　兌上

革。已日乃孚；元亨，利貞，悔亡。

彖曰：革，水火相息，二女同居，其志不相得，曰革。已日乃孚。革而信之，文明以說，大亨以正；革而當，其悔乃亡。天地革而四時成，湯武革命，順乎天而應乎人。革之時大矣哉。

象曰：澤中有火，革；君子以治歷明時。

〔現代解析〕要改革或變革，都得等到時機成熟，能夠取信於人再行動才能成功。

獸皮變成皮革，要先浸水再加熱，雖變成皮革，但本質未變。這也就是說，人事物的改革是可行的，但做人及治國的根本原則不可變。

卦象而言，上卦澤水與下卦離火相互滅熄相剋相生。又如，少女在上卦居中女之上，顯然是不應該但又不相讓，於是才有改革之象。

天地自然界四季的運行，也是一種改革。於是君子效法時序的改變，制定廿四節氣曆法，做為農事活動的準則。同理，我們人事上的活動也需要有規劃安排完備的行事表，照表操課。

改革者應明察四時的變化，時勢的推移，動機要純正，手段要正當。俟時機成熟，人力物力環境都能配合，然後謹慎行動，獲得大眾的支持，自然能成功喜悅。就像湯武革命，是順應天時，也應乎民心。

人生過程中，也是需要適時地，不斷改變自己，向上提升層次，經過不斷的薰陶教育學習，才能蛻變成功。

初九，鞏用黃牛之革。

象曰：鞏用黃牛，不可以有為也。

〔現代解析〕改革初始，不可草率急躁。心意堅定要沈得住氣，不輕舉妄動，否則敗露事蹟就會失敗。此時的最佳策略，是安分守己，鞏固自己，待時而發。

六二，已日乃革之，征吉，无咎。

象曰：已日革之，行有嘉也。

〔現代解析〕改革的時機成熟了，因為弊端都已顯露出來，此時應把握絕佳機會，發動改革，成功在望。絕不可錯失良機。

九三，征凶，貞厲；革言三就，有孚。

象曰：革言三就，又何之矣。

〔現代解析〕 改革行動如果太激烈，火候控制不好，或應該改革卻守正不革都容易有災難發生。所以改革行動之前，宜三思而行，再三評估其可行性，獲得眾人的支持信賴後再行動。一旦行動，就義無反顧，執行到底。不可能再走回頭路了。

九四，悔亡，有孚；改命，吉。

象曰：改命之吉，信志也。

〔現代解析〕 改革成功歸功於能取信於眾人，上下一心而達成。但破壞之後接著要建設，去腐立新是延伸實現改革時的目的。

九五，大人虎變，未占，有孚。

象曰：大人虎變，其文炳也。

〔現代解析〕有威儀又有彪炳勳業的英明領導者，一定能獲得眾人的信服與支持。就好像山中之王的老虎，樹立了牠的威望。所以領導者在推動改革之前，就要充實自己徹底改變自己，像老虎斑紋變得漂亮有魅力後，方能凝聚民氣。

上六，君子豹變，小人革面，征凶；居貞，吉。

象曰：君子豹變，其文蔚也；小人革面，順以從君也。

〔現代解析〕改朝換代革命成功之後，開國功臣也都身居要職，身分地位耀目，有如豹紋變化成更美麗。一般民眾也隨著改正朔而易服，重新適應新生活，順從新的

領導者。

此時君臣上下皆宜休養生息，不宜再繼續改革，因會動盪不安，而發生災凶。

要脫胎換骨的改變，宜從內心改變，確實改掉自己的惡習。相由心生，自然顯露於外。若只表面應付，陽奉陰違，那就危險了。

鼎卦第五十

巽下　離上

鼎。元吉，亨。

彖曰：鼎，象也，以木巽火，亨飪也。聖人亨以享上帝，而大亨以養聖賢。巽而耳目聰明，柔進而上行，得中而應乎剛，是以元亨。

象曰：木上有火，鼎；君子以正位凝命。

〔現代解析〕鼎卦是鼎器之象形。木柴上生火烹煮食物。古代聖人烹飪祭品用以祭祀，獻享給上蒼、先帝、祖先。祭祀後用以享宴賢臣。做為領導人，需要以厚祿

禮遇任用賢才。尤其在變革時期，新舊交替時，更需要知人善任。

鼎，也是君王政權的象徵，傳國之寶物。代表新的時代的來臨。鼎上有刻紋用以鎮邪及圖記，並刻有律文以示變革後之新政開始。所以它也是吉祥之物。新氣象總是亨通大吉。

鼎器亦是用來烹飪，食物經過烹煮後，方能改變風味。意味要除舊才能佈新，舊的不去，新的不來。所以個人若處在動盪不安時期，就應該將陳舊的觀念排除掉，重新擬訂新的應變計畫，再結交善知識者，幫助提供意見。同理，一個企業體若紛擾不安時，就應該將搗蛋惡劣份子開除掉。

鼎器的形象端正穩重莊嚴，意旨君子要安身，先要立命，再立天下之正位，行天下之大道。

初六，鼎顛趾，利出否，得妾以其子，无咎。

象曰：鼎顛趾，未悖也；利出否，以從貴也。

〔現代解析〕初爻可視為鼎足，鼎傾倒翻覆，看似不佳。其實是利用打翻鼎時，將鼎內的東西清理，倒掉不好的東西，重新裝入新東西。目的是除舊佈新。鼎亦為傳家之寶，好像世代交替，子孫傳世，妻若無得子，可以娶妾來生子傳承，說明有時候也要破除舊有的禮俗。小比喻大道理啊！

九二，鼎有實，我仇有疾，不我能即，吉。

象曰：鼎有實，慎所之也；我仇有疾，終无尤也。

〔現代解析〕有實力又有涵養的人，就不用怕他人的嫉妒。只要謹慎行事，別人也不能奈我何。就像鼎中裝滿著真材實料的東西。

九三，鼎耳革，其行塞，雉膏不食，方雨虧悔，終吉。

象曰：鼎耳革，失其義也。

〔現代解析〕一個企業體局部的損壞失控，會影響整個美好計畫的運作。好比鼎耳壞了，無法取用鼎內之美食一樣。又比喻領導者不智，沒能任用賢才。若是換個好的領導人，賢能者就會被重用，好像雨水減弱鼎之熱度，就可以取嘗美食了。所以賢者只要堅守正道，終會被任用，就可以施展抱負。

九四，鼎折足，覆公餗，其形渥，凶。

象曰：覆公餗，信如何也？

〔現代解析〕鼎足折斷，傾覆鼎中佳餚，狼狽不堪的樣子。比喻，新法新政不適用，反而勞民傷財，損傷國力。或是領導者能力不足，用人不當，所用非人，成事不足，敗事有餘，讓人懷疑他的誠意與真心。

六五，鼎黃耳，金鉉，利貞。

象曰：鼎黃耳，中以為實也。

〔現代解析〕 做為一個領導者，除了要具備真才實學，也要建立好的形象。好像用黃金銅鑄鼎耳及環扣，更顯得美觀大方，使人尊敬。所以企業體除了組織穩固以外，也需要建立起良好的企業形象，才能吸引更多的人才，共創大業。

上九，鼎玉鉉，大吉，无不利。

象曰：玉鉉在上，剛柔節也。

〔現代解析〕 用美玉裝飾鼎之鉉，顯得更珍貴。玉鉉看起來明潔柔美，質地卻堅硬有毅力似的。剛柔並濟是管理哲學的最高藝術，也是烹調食物時火候、配料掌握得宜，方能相得益彰，所以才說：「治大國，如烹小鮮。」

有能力的人，也要懂得進退的哲學，遇賢君則佐，不得志則退隱，瀟灑自如。

震卦第五十一

䷲

震下　震上

震。亨。震來虩虩，笑言啞啞；震驚百里，不喪匕鬯。

彖曰：震亨。震來虩虩，恐致福也；笑言啞啞，後有則也；震驚百里，驚遠而懼邇也；出可以守宗廟社稷，以為祭主也。

象曰：洊雷，震；君子以恐懼修省。

【現代解析】 萬物有動才有生氣，氣能通暢，就可亨通。人也一樣，要不停的精進，才能守業或創業。

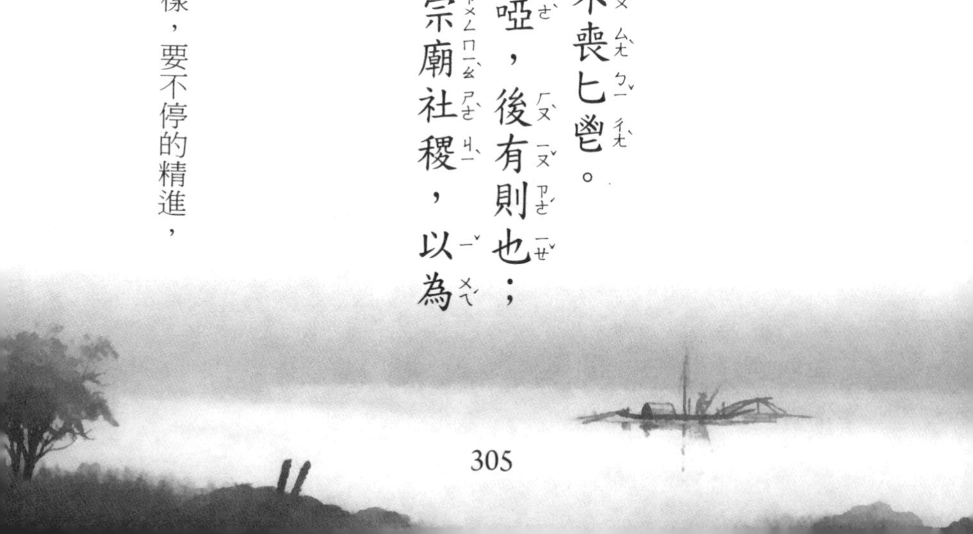

在一生發展過程中，難免會遇到突發意外變故等狀況，都會讓人驚恐，不知所措。若能從中記取教訓，領悟變故乃自然規律，而提高警覺性，平時就有危機意識，做好準備應變措施，俟變故一旦發生，就能坦然自如，鎮定沈著以對。甚至掌握危機就是轉機的道理，從而獲利致福。

大難不死，必有後福，乃是經過大難後，更知道戒慎恐懼，反省修行。也知道生命的可貴，萌生慈悲心、感恩心，知福惜福，所以當然會有後福了。

一個企業在運作過程中，也難免會遇到環境、人事、政策、業務等的重大變動。引起公司的大地震，做為一個領導者，應該要處變不驚，有智慧的處理變局。總之，具備處理危機能力的人，才可以接任領導者的位置。

初九，震來虩虩，後笑言啞啞，吉。

象曰：震來虩虩，恐致福也；笑言啞啞，後有則也。

【現代解析】第一聲雷，大都會使人驚嚇。第二聲雷以後就不再受驚了。因為已了解狀況，雷聲乃是自然現象，只要人不在危險打雷區就不會有事。所以，閱歷經驗愈豐富的人，愈能冷靜處理突如其來的狀況。「經一識，長一智」，聰明的人是會記取教訓，沈著應變。

六二，震來厲，億喪貝，躋于九陵，勿逐，七日得。

象曰：震來厲，乘剛也。

【現代解析】突如其來的變動，往往最危險，令人措手不及而損失很大，此時最好先迴避藏匿於安全處，不要去追回損失的財物。天道是七日來復，變動過後，一切會回復平靜，很快又會復原的。

六三，震蘇蘇，震行无眚。

象曰：震蘇蘇，位不當也。

〔現代解析〕 當變動來臨，自己知道處於不利的位置，如能夠震懼修省，隨時保持蘇醒警覺狀態以應付變化，就可以沒有過失。

九四，震遂泥。

象曰：震遂泥，未光也。

〔現代解析〕 因為平時磨鍊不夠，受了震撼驚動而不知所措，猶如墜入泥淖，動彈不得。若不能靜下來慎謀能斷，則會愈陷愈深。冷靜是一切動之源。

六五，震往來，厲。億无喪有事。

象曰：震往來厲，危行也；其事在中，大无喪也。

〔現代解析〕雷電接連而來，就好比環境的變動一再的發生，局勢動盪不安。但有智慧的領導者，會從經驗之中體悟應付之道，心中有數，以行動克服危險，就不會有損失的。

上六，震索索，視矍矍，征凶。震不于其躬，于其鄰，无咎。婚媾有言。

象曰：震索索，中未得也；雖凶无咎，畏鄰戒也。

〔現代解析〕震動變動到了極點時，而顯得煩躁沮喪顫抖，慌慌張張，左右驚顧的採取行動，一定會有凶險。若是能夠以旁鄰受害為戒，以前車之鑑，記取教訓，提

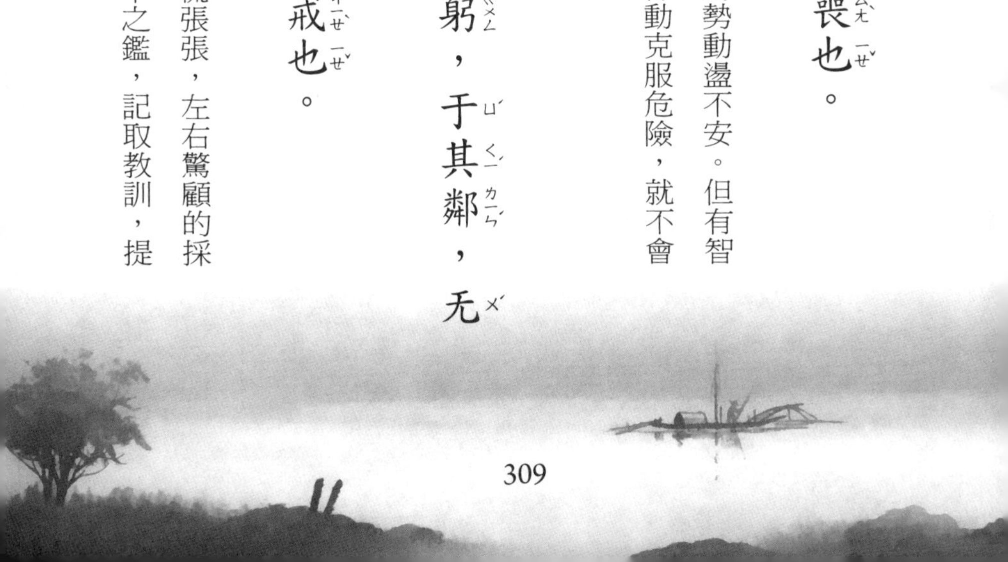

高警覺，籌謀於機先，事先做好準備，防患於未然。當事變臨到自己身上時，雖凶也無災害。只是人言可畏，若行動過程中，人際關係沒處理好，難免別人會有些微辭怨言。

又如當論及婚嫁時，內心總會有些懼怕，擔心自己的缺點或惡跡被人道出來。就像怕自己做了虧心事，害怕遭到天打雷劈。人要真正做到放得下，的確不容易。

艮卦第五十二

艮下　艮上

艮其背，不獲其身；行其庭，不見其人；无咎。

彖曰：艮，止也。時止則止，時行則行，動靜不失其時，其道光明。艮其止，止其所也；上下敵應，不相與也；是以不獲其身，行其庭不見其人，无咎也。

象曰：兼山，艮；君子以思不出其位。

〔現代解析〕 艮卦也可以說是屬於內心修行的卦，人之六識：眼、耳、鼻、舌、身、意。有了感覺就會起欲念。當妄念起來，要能生警覺性。「念起是病，不續是

藥」，保持內心寧靜，心不為外物所動。達到「應無所住而生其心」，無我相，無人相，無眾生相的境界。此時心如止水，不動如山，人我兩忘，可保無咎。

艮卦就像一座山止立在那裏。有智慧的人，善於體察天道，適時合宜的順其變，該止則止，該行則行，自然就會前途光明。例如農夫耕種也都要配合時令，不能誤了農時。

適可而止，是止於其所。即「不在其位，不謀其政」，大家都把本分的事做好即可。不論思慮、言語、行為都是不離分內所應為之事，就不會有咎了。人生之煩惱，皆來自於內心與行為應該止而不知止。常做非分之想，心為外物所役，追逐聲色犬馬，發乎情而不知止乎禮，欲望無限，對境生迷，不知道何時應該踩煞車，災難就會到來。

大易哲學艮卦的智慧，給吾人的啟示，即是要去除私慾及分別心與執著，心要能靜而不隨境轉。見如不見，行事、思維皆適時、適度、適機則可免災。

初六，艮其趾，无咎；利永貞。

象曰：艮其趾，未失正也。

〔現代解析〕初爻與第四爻無對應，沒有助援，又身居最下層，此時最佳策略是安分守己。停止行動，不可輕舉妄動。同時必須永遠守著正道，止住情慾及妄念於初動處。有道是：千里之行，始於足下。意即行動的第一步不可踏錯，謹慎為之則無災難。

六二，艮其腓，不拯其隨，其心不快。

象曰：不拯其隨，未退聽也。

〔現代解析〕先前沒有做好完善的準備而貿然行動，此時想要停止，又無法自己做主

了，於是心境受到影響，變成悶悶不樂。此時最好追隨他人或合夥事業，但不要太勉強，否則會產生不愉快。

九三，艮其限，列其夤，厲熏心。

象曰：艮其限，危熏心也。

〔現代解析〕凡事超過了極限，就會將自己陷入極度的心慌。行動應該停止而沒能停止。或停止太過突然，失去控制都會帶來危險。譬如，緊急煞車超過極限，會翻車。或行車超過極速限制，也都會有危險。

另外，在人事方面而言，若與上下、同事決裂，停止往來，內心就會處在危險不安中。

六四，艮其身，无咎。

象曰：艮其身，止諸躬也。

〔現代解析〕能夠自我約束，知所進退，時止則止，時行則行，適可而止，完全能經由自由意志掌控，朝著目標前進，自然無咎。

六五，艮其輔，言有序，悔亡。

象曰：艮其輔，以中正也。

〔現代解析〕這一爻居尊位，「君無戲言」，說話要謹慎，有分寸。言語中肯、精簡有序，並且言出必行。做為一個領導者，發言或號令都要經過再三思慮研判，言不妄發，才不會後悔。

上九，敦艮，吉。

象曰：敦艮之吉，以厚終也。

〔現代解析〕身居高位者，應該堅持止於至善的最高境界。操守敦厚，始終不變，才能得到大家的敬重。倘若臨老入花叢，老來糊塗，做了不該做的行為，則將無法善終。

漸卦第五十三

䷴ 艮下 巽上

漸。女歸，吉。利貞。

彖曰：漸之進也，女歸吉也。進得位，往有功也；進以正，可以正邦也。其位，剛得中也。止而巽，動不窮也。

象曰：山上有木，漸；君子以居賢德善俗。

〔現代解析〕 由漸卦的卦象及其綜錯卦是歸妹卦來看，就有如女子找到歸宿。古時候，女子婚嫁必須循序漸進。經由男方六禮程序：納采、問名、納吉、納徵、請期、親迎，那麼女子嫁人才會吉祥。同時必須堅守貞潔正道。才會長久有利。

事物的發展都有其規律，由小而大，由淺而深，由低而高，而且也都是漸進式的。例如樹木的成長，由小樹慢慢長大成參天大木。所以，我們要效法樹木的成長，漸積才能，有德行，方能成為偉大人物。

凡事欲速則不達，揠苗助長則危矣，做事絕不可急功近利，操之過急。例如移風易俗，政治經濟變革，或男女配婚，練功減肥等，都宜按部就班，循序漸進。不然不是徒勞無功就是適得其反。不可不慎。

為人要不斷學習，蓄積才德，往更高一層次去追求。成為君子聖賢，進而做到領導改善民風民俗，達到至善境界。

初六，鴻漸于干，小子厲，有言，无咎。

象曰：小子之厲，義无咎也。

〔現代解析〕對於初入社會的年輕人，身分低微，難免會遭遇到他人的譏諷。但這也

是成功過程中不可或缺的磨鍊，只要循序漸進朝著理想目標前進，也不會有災咎的。譬如候鳥大雁的行動是配合季節飛行移動，在水邊徘徊的小雁只要不脫隊，能跟上大雁飛行即可。同理，年輕人初出茅廬，只要配合上時代脈動前進即可。不須要理會他人的閒言閒語。

六二，鴻漸于磐，飲食衎衎，吉。

象曰：飲食衎衎，不素飽也。

〔現代解析〕 進入社會，首要先力求札穩根基，跟隨有力人士，務實耕耘。如同大雁棲息在大石上，穩當安樂以進食，過後再展翅高飛。象辭上說：快樂地享受祿位，並非無功受祿或只領薪俸不做事的米蟲。而是為臣之道，應先求溫暖，再勵志發展人生的事業。

九三，鴻漸于陸，夫征不復，婦孕不育，凶。利禦寇。

象曰：夫征不復，離群醜也；婦孕不育，失其道也；利用禦寇，順相保也。

〔現代解析〕丈夫出征未歸，以致婦人不能懷孕生子。就像大雁本當飛行在天上，因遭遇到不利因素而著陸，脫離了群類，肯定是凶多吉少。倘若吾人能團結一致，共同利用環境上有利的資源來排除不利因素，順著正道行動，就可保平安。此亦告誡吾人不可不守正道窮兵瀆武，凡事宜順勢漸進。

六四，鴻漸于木，或得其桷，无咎。

象曰：或得其桷，順以巽也。

〔現代解析〕大雁的爪似鴨蹼平滿，不像鳥爪可以緊緊抓握樹枝，所以當大雁飛入樹林棲息時，就會選擇較低處的大樹枝，如此才能夠安全站穩，並可隨時因應飛離。比喻吾人應有自知之明，並因應環境狀況，將自己處於最有利又安全的位置，避開危險之地。

九五，鴻漸于陵，婦三歲不孕，終莫之勝，吉。

象曰：終莫之勝吉，得所願也。

〔現代解析〕追求事業目標的發展過程中，應該要有心理準備。一般而言，要準備堅苦奮鬥三年，等三年有成後，再談兒女私情，或再懷孕生子。最後有志者事竟成，就能達成願望。例如，大雁飛近山崗，受到阻礙而結巢棲身，剛到新環境也是要經過一段適應期，然後再飛越山陵。

上九，鴻漸于陸，其羽可用為儀，吉。

象曰：其羽可用為儀吉，不可亂也。

〔現代解析〕大雁終於長成，振翅高飛於天際，秩序井然，羽毛潔白耀人，翺翔自在，無拘無束，何天之衢，直叫人羨慕心儀。同理，當一個人歷經長久的淬煉後，功成名就，飛黃騰達，德行高操，高風亮節，來去如浮雲，即使孤高，還是足以令世人欽羨做為表率。

歸妹卦第五十四

䷵

兌下 震上

歸妹。征凶，无攸利。

彖曰：歸妹，天地之大義也，天地不交而萬物不興。歸妹，人之終始也；說以動，所歸妹也；征凶，位不當也；无攸利，柔乘剛也。

象曰：澤上有雷，歸妹；君子以永終知敝。

〔現代解析〕婚嫁應該是兩相情願，要以真誠的愛為基石來結合，婚姻才會長久。倘若少女主動向老男人示愛，就有違婦道，這般的結合是不會有利益的。

少女婚嫁，本當是天經地義的。天地陰陽若不相交，則萬物不能化生繁興。所以，少女的婚嫁也可以說是人倫之道的始終，意味著女人生下來就是這樣被注定了。在古代社會而言，既是無奈，也是美德。

古代少女隨姊姊被動的歸嫁，是被動的喜悅卻因而找到了歸宿。若少女心理不健康，妄動求寵，是不會有任何好處的。因為少女所居之身分地位，是不合時宜去那樣做。這裏還有另一層意義，即女人要有內在的貞德才能維繫婚姻，夫唱婦隨的美德，而非一味靠外表、甜言蜜語，或氣勢凌夫。那麼，婚姻就難長久保住了。同理，為人妾者亦然。

君子知道老男配少女的婚姻弊害，而能事先綢繆，勿縱慾，謹慎預防在先，以維持夫婦長久之道。

為妻、妾、臣之道，貴在知所進退，不可虛妄以進，以及要有內在的貞德才是永保共處之道。

初九，歸妹以娣，跛能履，征吉。

象曰：歸妹以娣，以恆也；跛能履吉，相承也。

〔現代解析〕古時候，跟隨姊姊出嫁的妹妹，雖然是妾而非正妻，但只要謹守本分，有恆久的貞潔德行，從旁輔助姊姊及夫君，也是會吉祥。就像一個人跛了腳，還是可以走路。偏側而行罷了。

九二，眇能視，利幽人之貞。

象曰：利幽人之貞，未變常也。

〔現代解析〕女子嫁人，但遇人不淑，丈夫不疼，還是要潔身自愛，不可胡為，違背常道。或與妾爭寵也是不智，所以，看起來似乎是很無奈，但畢竟還是正室。就

像弱視的人，雖無法宏觀，但也是能微觀，活在自己的觀點與原則中。

六三，歸妹以須，反歸以娣。

象曰：歸妹以須，未當也。

〔現代解析〕姊姊因錯過了適當婚期，妹妹媚嬌比姊姊先出嫁。姊姊回過頭來陪妹妹一起嫁去為妾。這樣是先後不分，不合適的。也就是說，做事應該先後有序，有輕重緩急之分，否則可能全盤改觀。

九四，歸妹愆期，遲歸有時。

象曰：愆期之志，有待而行也。

〔現代解析〕少女為了選擇理想的好男人來嫁，因而超過適婚年齡。但歲月催人老，

若一再延婚，無視現實條件的殘酷，錯過青春，就沒有意義了。現實條件應考慮本身的能力，以及環境因素。要掌握機會，不要一再等待機會。俗語說：最後挑到賣龍眼的老公。

六五，帝乙歸妹，其君之袂，不如其娣之袂良，月幾望，吉。

象曰：帝乙歸妹，不如其娣之袂良也，其位在中，以貴行也。

〔現代解析〕高貴的女人，用不著穿著虛華的衣服，就可以顯出其高尚的德操。殷朝帝乙將妹妹下嫁給諸侯周文王，以她的尊貴的身分及儉樸之美德，雖然衣服穿著沒有陪嫁的妾女漂亮，就已散發出接近滿月般的完美。

上六，女承筐无實，士刲羊无血，无攸利。

象曰：上六无實，承虛筐也。

〔現代解析〕沒有誠意結合的婚姻，是不會有好處的。比如結婚時，新娘的提籃是空無一物，男方宰殺死羊以宴，是沒誠意喝交杯酒。這樣有名無實的婚姻，怎會美滿？男女雙方都不盡其職，造成如曠男怨女般的女守空房，男無滋味，最終子息絕嗣，仳離收場。

這個爻給我們一個啟示：做事情不要做沒有意義的事。

豐卦第五十五

䷶

離下　震上

豐。亨。王假之，勿憂；宜日中。

彖曰：豐，大也。明以動，故豐；王假之，尚大也；勿憂宜日中，宜照天下也。日中則昃，月盈則食，天地盈虛，與時消息，而況於人乎？況於鬼神乎？

象曰：雷電皆至，豐；君子以折獄致刑。

〔現代解析〕豐卦是正值人生得意時，豐富、豐盛、豐厚、豐收、富貴愉快。一個人內心光明、樂觀，行事活躍、積極，就比較能夠達到成功盛大的地步。如同卦象

內卦為離卦，外卦為震卦之意。

當一個人達到盛大時期，應該懂得居安思危，勿驕奢，要讓大家分享你的喜悅、成果。要像正中的太陽，將你的光芒回饋放射給大家。記住豐大是衰退之始，必先為之防備，能持盈保泰，則不須憂也。

日中過後，太陽西斜。月滿之後則虧蝕，天地之盈虛，都配合著時間在消長，何況是人呢？在人事上，往往也是盛極必衰，樂極則悲。盛大易使人迷失，例如酒色賭傲，所以宜做好防微杜漸、預防流弊的發生。

卦象另一層意義：閃電雷聲交加，氣勢盛大，隱喻君子在判決訴訟案件的時候，要像閃電般明察秋毫，還要像雷聲般威嚴執行刑罰，做到善惡是非分明，無枉無縱的斷獄。

初九，遇其配主，雖旬无咎，往有尚。

象曰：雖旬无咎，過旬災也。

〔現代解析〕在豐卦時，能夠找到與自己志趣相合的主人，也可以積極表現，會得到重用賞識。但要適度，不可逾越均等的原則，過從甚密或不知上司與下屬的應有禮節，就容易有凶災。

當雙方勢均力敵，棋逢敵手，其實是很好的搭配組合，只要大家守住中庸之道，往往是英雄惜英雄。不會有災咎。

六二，豐其蔀，日中見斗；往得疑疾，有孚發若，吉。

象曰：有孚發若，信以發志也。

〔現代解析〕日正當中，突有烏雲蔽日，好似黑夜只能見到北斗星，會令人生疑而不安。比喻小人當道，若想有所為，易被人起疑心。但只要自己信心堅定，雖然外在環境黑暗，還是可以將自己的內在光輝散發出去，終將會取得他人的信任。

九三，豐其沛，日中見沬，折其右肱，无咎。

象曰：豐其沛，不可大事也；折其右肱，終不可用也。

〔現代解析〕 豐大後由盛極轉衰，小人及昏君當道，就像太陽被一大片烏雲遮蔽，僅僅能夠看到如微弱小星的光。此時，宜明哲保身，不應做重大決策。即使不被重用，無所作為，反而沒有災咎。

九四，豐其蔀，日中見斗，遇其夷主，吉。

象曰：豐其蔀，位不當也；日中見斗，幽不明也；遇其夷主，吉行也。

〔現代解析〕當一個人在盛大時，容易迷失自己，有如烏雲罩頂，聰明反被聰明誤。若平時有廣結人脈，多助人，則當遇到急難時，才會碰到貴人相助。

六五，來章，有慶譽，吉。

象曰：六五之吉，有慶也。

〔現代解析〕身為領導者，若一直處在逆境中，反而能磨鍊激發出內在的美德，又能夠起用賢人，則會招徠吉慶美譽，因而吉祥。

上六，豐其屋，蔀其家，闚其戶，闃其无人，三歲不覿，凶。

象曰：豐其屋，天際翔也；闚其戶，闃其无人，自藏也。

〔現代解析〕沒有智慧的人得意時，往往容易忘形，而沒有警覺性，反而被幻相蒙蔽，欲念無窮，極盡奢華，天馬行空，自我陶醉，迷失了自己。俟盛極而衰失意時，世態炎涼，昔日親友避散他去，自己被孤立或自我封閉。就有如落寞地住在冷寂的豪宅。

䷷

旅卦第五十六

艮下　離上

旅。小亨，旅貞吉。

彖曰：旅，小亨；柔得中乎外，而順乎剛，止而麗乎明，是以小亨，旅貞吉也。旅之時義大矣哉。

象曰：山上有火，旅；君子以明慎用刑，而不留獄。

〔現代解析〕人的不安不外源自於盛大或窮困，現代的旅遊發達，有錢人往往不安於室，到處旅遊投資。窮困者則出外打拼事業，思想創意枯竭者，則出國尋找靈感。罪犯逃亡國外，情場失意到國外散心等。

寄旅在外的過程，因為人生地不熟，往往有——「在家千日好，出外朝朝難。」之嘆，正因為不安定，情緒就容易失控。此時，做事情不可粗心大意，胡作非為，宜謹言慎行。以溫良恭儉讓柔順的心情，去應付外在生疏親寡惡劣的環境。不可放浪行骸，或樂不思蜀。旅居在外，內心要穩重，行事在外要智慧光明，即如卦象止而麗乎明。如此，才僅僅得到小亨而已，畢竟所處環境生疏的原因。

卦象下卦為山，上卦為火，火燒山，一山燒過一山。正如旅行在外，一處過後又往另一處。像火會不斷蔓延。旅行者，也會上癮。人生如寄旅，要學習旅遊者，放鬆心情。

從卦象上看，另一層意義為執法者辦案要像山穩重慎重，和像火一樣明亮明智，洞察秋毫，裁決案件要明快，絕不拖延時間。人生旅居在外，時間到了就要離開，不可留連忘返，君子做事情今日事今日畢。在生命的過程中，想做的事情，不要延遲，即時去實行，才不會遺憾。當下今天是屬於你的，明天是屬於上帝老天的。

初六，旅瑣瑣，斯其所取災。

象曰：旅瑣瑣，志窮災也。

〔現代解析〕 旅行出門在外，人處在不安定中，行事舉止更要謙遜，不卑不亢。也不可太小氣，處處與人計較，顯得卑賤的樣子，就會招致災害。所謂人窮志不可窮，不可失去人格。

六二，旅即次，懷其資，得童僕貞。

象曰：得童僕貞，終无尤也。

〔現代解析〕 旅行在外，能有暫時安憩的地方，感覺是比較安全的，但出門在外，應有萬全的準備，必須攜帶足夠的金錢。友情的贊助，畢竟是短暫的。有錢還是好

辦事，也能夠得到比較好的服務。

九三，旅焚其次，喪其童僕，貞厲。

象曰：旅焚其次，亦以傷矣，以旅與下，其義喪也。

〔現代解析〕旅行時，投宿的旅舍被焚燒，失掉了僮僕。這是很大的傷害，何以至此地步呢？歸因於盛氣欺凌下屬之故也。所以出門旅行在外，不可有富貴凌人的態度，否則就會失去他人的幫助。不禮遇賢臣，賢臣就會乘機離你而去，便失去助手。

另一層意義；人生如寄旅，住屋及財物，只是供你暫時使用，但如果管理經營不善，可能會失去還會牽累到周邊的人。

九四，旅于處，得其資斧，我心不快。

象曰：旅于處，未得位也；得其資斧，心未快也。

〔現代解析〕旅行在荒外偏僻處或陌生國度，即使有錢財，也沒有用武之地。因為客居永遠不如家居來得順心遂意。

另一層意義：一個人唯其所處的環境適當，才能夠施展他的才華。

六五，射雉，一矢亡，終以譽命。

象曰：終以譽命，上逮也。

〔現代解析〕人生的旅途中，要抓住機會，適時的展露自己的才華本領，將你的專長表現出來，受他人肯定，提升自己的聲望名譽，終究就會受到上層的欣賞。就如爻辭所言，精準的射到一隻山雞，雖然失去一支箭，但還是會受到別人讚譽你的

技術高超。

上九，鳥焚其巢，旅人先笑後號咷。喪失于易，凶。

象曰：以旅在上，其義焚也；喪牛于易，終莫之聞也。

〔現代解析〕 旅行在外的人，不可失去柔順的原則。若態度傲慢，幸災樂禍，就會樂極生悲。如同爻辭所言，看到鳥巢燒起來就哈哈大笑，沒想到火卻也燒到自己的住所。再號咷大哭損失的財物也沒有人會過問了。所以，人在不安定時，凡事一定要謹慎小心謙遜柔順。

巽卦第五十七

䷸

巽下　巽上

巽。小亨，利有攸往，利見大人。

彖曰：重巽，以申命；剛巽乎中正而志行，柔皆順乎剛，是以小亨，利有攸往，利見大人。

象曰：隨風，巽；君子以申命行事。

〔現代解析〕 巽卦，卦意為長女、木、風、入、遜、順、接納、追隨、叮嚀、命令等之意。

巽卦上下卦皆是巽，表示要一再叮嚀自己對人要恭順再恭順。謙遜是美德，才有

利於人際關係的活動。謙遜地去追隨偉大人物肯定是有利的。但陰柔的恭順只能夠獲得小利而已！

刮風時都是一陣風接著一陣風。所以領導者行事作風也要效法自然的道理，命令要三令五申一再叮嚀，務必執行徹底。

「君子之德風」，君子的德行要讓人民佩服，「風行草偃」才能夠做到移風易俗。

要他人走進自己的心裡是不容易的。同樣的，自己要走進他人心裡也是不容易的。自然界的風卻能夠無孔不入，主要在於風本身不感覺自己的存在。人如果能順從自然無為的道理，則也能與自然合而為一，與天地合其德。沒有感覺自我的存在，也就不會有破壞、佔有、侵奪之心，自然也就容易進入他人的心裡。

初六，進退，利武人之貞。

象曰：進退，志疑也；利武人之貞，志治也。

〔現代解析〕做事情優柔寡斷或猶疑不決，過分謙卑都不是真正的謙遜。要能夠像武將勇猛果決，也要知道何時進與退。處理事務做決策時一定要深思，斟酌再三權變而行。

九二，巽在床下，用史巫紛若，吉，无咎。

象曰：紛若之吉，得中也。

〔現代解析〕職業無貴賤，只要能忠於工作職務，行為舉止的尊嚴標準是不同的。例如臣子屈膝在床下向君王報告陳述的行為是無不當。就像祝史巫覡跪禱頻繁的樣子也是忠於其職務。所以，做人勿自卑，只要忠於職務，謙遜並非自卑。

九三，頻巽，吝。

象曰：頻巽之吝，志窮也。

〔現代解析〕虛偽的謙遜，卑顏奉承，唯唯諾諾，一個人喪失了人格，專於馬屁文化，已是無可救藥，是沒有志向之人。終將得到被羞辱的報應。

六四，悔亡，田獲三品。

象曰：田獲三品，有功也。

〔現代解析〕謙遜雖然是必要的，但終究目的是要獲得利益。對上對下都能夠謙遜以應對，人際關係好，自然機會也好。猶如打獵時，小心翼翼，動作似卑躬狀，但求結果收穫豐碩。卑躬只是暫時權宜之計。

九五，貞吉，悔亡，无不利，无初有終；先庚三日，後庚三日，吉。

象曰：九五之吉，位正中也。

〔現代解析〕身為領導者謙遜並不是要凡事必躬親，只要事先叮嚀再三，有周全的準備。事後要檢討、反省，衡量得失即可。政策變更時，也同樣要做好事前準備及事後揆度。也許剛開始進行時不會很順利，但最後還是會有好結果的。

上九，巽在床下，喪其資斧，貞凶。

象曰：巽在床下，上窮也；喪其資斧，正乎凶也。

〔現代解析〕一個人謙遜不可過度，應該恰如其分，如果過度貶低玷污自己人格，看似謙遜，但已喪失尊嚴，失去了防護能力，就會有凶險。謙遜是做人基本原則，但人要有人格，國家要有國格，不可喪權辱國。

兌卦第五十八

兌下 兌上

兌。亨，利貞。

彖曰：兌，說也。剛中而柔外，說以利貞，是以順乎天而應乎人。說以先民，民忘其勞；說以犯難，民忘其死。說之大，民勸矣哉。

象曰：麗澤，兌；君子以朋友講習。

〔現代解析〕兌卦、上下卦皆是兌卦，表示喜悅於內心，並外現喜悅之色。即滿心歡喜去做快樂的事。帶人先帶心，要快樂必先給人快樂，領導者運用此道理，政策

推行起來就會順暢亨通。但動機一定要純正，光明正大，才會達到雙贏。

人際交往中，做人能夠外柔內剛，固守正道，動機純正，以和悅的心為做事的原則，能使別人也喜悅，自然大家都能和樂共處。所以，經常要保持一顆喜悅的心。對人要和顏悅色。順天應人是也。但和悅的基本前提，不可出賣自己，與人和諧，順著他人的性，也並非同流合污。

做為政治或企業領導者推行政事，要能使人民喜悅為先。自己必先要無私的奉獻，關懷照顧人民屬下，無微不至。然後，人民與屬下才會心甘情願，滿心歡喜，任勞任怨，即使赴湯蹈火，殺身成仁也都甘之如飴。

兌之卦象為兩口相對，君子做學問應效法其精神，透過相互討論、溝通一起研習切磋，才會共蒙其利，所謂「獨學而無友，孤陋而寡聞」。

初九，和兌，吉。

象曰：和兌之吉，行未疑也。

〔現代解析〕以和顏悅色，正大光明態度做人處世，就不會讓別人心生疑慮。這樣做是會吉利的。

九二，孚兌，吉，悔亡。

象曰：孚兌之吉，信志也。

〔現代解析〕發自內心的真誠、和悅的表現，會讓人感受到的話，就能獲得他人的肯定與信賴。朋友交往貴在真心，不應只做表面工夫，才能長久。

六三，來兌，凶。

象曰：來兌之凶，位不當也。

〔現代解析〕來兌之意是刻意地前來謀求和悅，並非發自真心。一味虛假做作，諂媚

迎合取悅他人。這種態度都是不自然的，或有目的而為的悅色，都是不應該的。

以非自然又不正當手段取悅他人，結果反而會有凶險。

九四，商兌未寧，介疾有喜。

象曰：九四之喜，有慶也。

〔現代解析〕為人處世不鄉愿，不做假惺惺的和悅之色反而會快樂。應該衡量事理，該喜則喜，該怒則怒。若能夠斷然阻斷舉棋難下使人內心不安的毛病的話，自然就會快樂起來。

九五，孚于剝，有厲。

象曰：孚于剝，位正當也。

〔現代解析〕 做為領導者，容易被小人包圍，雖然自己剛毅中正，但不可過於自信，更不可聽信諂媚之言，或享用小人出賣你包著糖衣毒藥的禮物。最後喪失了自己的信譽，而毀了自己。所以，為政者親小人而遠賢臣是很危險的。

上六，引兌。

象曰：上六引兌，未光也。

〔現代解析〕 小人往往別有居心，口蜜腹劍，諂媚迎合千方百計來取悅他人達其目的。這種不是光明正大的手段，吾人要特別警戒。戀愛中的男女宜防備對方所設下的陷阱，以及在鮮花與月光下的甜言允諾。

渙卦第五十九

䷺

坎下　巽上

渙。亨，王假有廟，利涉大川，利貞。

彖曰：渙，亨，剛來而不窮，柔得位乎外而上同。王假有廟，王乃在中也；利涉大川，乘木有功也。

象曰：風行水上，渙；先王以享于帝立廟。

【現代解析】風吹水面，水紋隨之渙散。木舟行於水上，舟楫渡川，象徵著渙散，亦是四通八達之意。所以渙卦是亨通的。

古代君王為了要團結渙散的人心，都會利用神道設教的宗教心理學，以摯誠的心

到宗祠祭拜神祇，祈求神明的護佑。人民看到君王的誠意，而受到感化，於是大家團結在一起，同心同德，同舟共濟，渡過難關，重整基業。

有野心的領導者，往往會運用群眾心理學來凝聚人氣。古代社會，利用宗廟信仰是團聚人心倫理的最佳策略。所以要挽救渙散的人心時，就會建立宗廟，用祭祀來表達與民同心，達到再聚集民心，維護傳統，建立基業。

現代社會的政治野心家往往也利用思想或主義口號來凝聚人心，有所謂民粹主義、本土意識、族群意識等等，達到其目的的策略運用。倘若是為了堅持正義之道，這種策略的運用是有利整合民氣，也是無可厚非。

從卦象看似春風將堅冰解凍消融，而水流不窮。喜悅之心情已將鬱悶離散，惡劣的環境也渙散了。此時候，要把握時機，誠敬之心是挽救渙散之心的不二法門。

初六，用拯馬壯，吉。

象曰：初六之吉，順也。

〔現代解析〕民心剛開始渙散時，就要及時採取積極的措施，防微杜漸，避免讓渙散擴大。例如有人受傷陷身敵營，應該迅速騎一匹壯馬去營救，使能化險為夷，終會贏得民心。

當一個領導者，應該要有靈敏的觀察力和決斷力，才能讓危險事態未擴大前，就要適宜地借用外力、人才來應付處理。

九二，渙奔其机，悔亡。

象曰：渙奔其机，得願也。

〔現代解析〕渙散時，宜趕快找個地方先安定下來。就好像跑到廟裏祭祀找個凳子坐下來，大家商量，或寫信求救。及時穩住共謀對策，來處理事情，如此才不至於難以收拾。

六三，渙其躬，无悔。

象曰：渙其躬，志在外也。

〔現代解析〕身處於渙散的環境中，若也能渙散自己的私慾之心，不要貪圖個人利益，立定高尚的志向，獻己身來救時弊，向外去發展，才不會後悔。

六四，渙其群，元吉。渙有丘，匪夷所思。

象曰：渙其群元吉，光大也。

〔現代解析〕應該要去除掉團體中的小團體，使不正當的結黨營私行為渙散去。因為，團體中的派系林立，各據山頭，會產生內耗及勾結舞弊。所以應該將私心渙散，將既得利益捐獻出來，能這樣發揚光大，當然是吉利。這也不是常人所能想像的。

九五，渙汗其大號，渙王居，无咎。

象曰：王居无咎，正位也。

〔現代解析〕國家處在渙散的時候，領導者的施令一定要言出必行，才能團聚民心。「君子一言既出駟馬難追」像人出了一身大汗難以收回。同時，要將蓄積的財物，與大家共享，如此一來，民氣自然會凝聚團結，就沒有災咎。

上九，渙其血，去逖出，无咎。

象曰：渙其血，遠害也。

〔現代解析〕要有憂患意識，居安思危，警惕之心遠離可能受到傷害的場所。同時除去小人及弊端，讓團體有朝氣。必然無災害。

節卦第六十

䷻ 兌下 坎上

節。亨；苦節，不可貞。

彖曰：節亨，剛柔分，而剛得中；苦節不可貞，其道窮也。說以行險，當位以節，中正以通，天地節而四時成。節以制度，不傷財，不害民。

象曰：澤上有水，節；君子以制數度，議德行。

【現代解析】卦象是澤上有水，江水要流入湖澤蓄存起來節約來使用。若水太滿了則會溢出浪費，若不知節制用水，則潮澤會乾涸。所以，有水當思無水之苦。若能

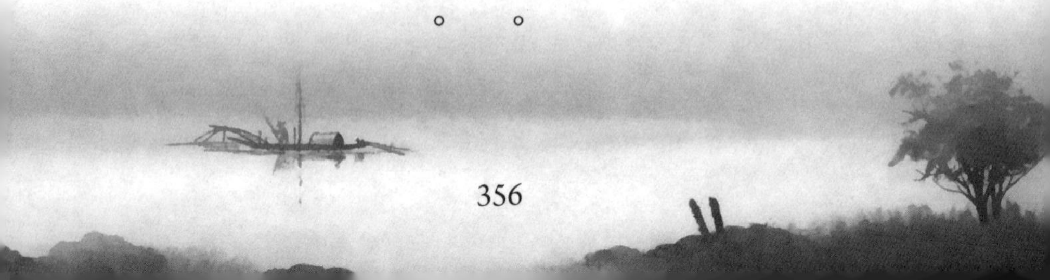

夠節約用水，才能維持長久。

人事現象亦然，人的欲望無窮，應該要有所節制，有開源也要節流，才會亨通長久。關鍵在需要建立一個準則；有制度、規章、禮數，務必使那個度運作恰當，才不會浪費，也不會受到傷害。

過度、過久、不當的節制，將會傷害自己身心，也讓人覺得吝嗇、刻薄，並不足取，也不可做為常則。天地日月運行，一寒一暑，有其自然規律，才形成春夏秋冬循環有序，生生不息。政府、企業的經營也應效法自然的規律，制定法律、禮儀、預算控管、資源合理運用，不浪費公帑，不消耗預算。一方面節制人的欲望，使人能內省，一方面節制人的行為，使人不逾越尺度。

內卦為兌卦喜悅，外卦為坎險，意謂見獵心喜，是人之常情，但遇險則知止，知節制。所以人要能減少欲望。修行人，為道日損，樂行節制。總之，人要是能感恩目前所擁有的，就會富有快樂。

初九，不出戶庭，无咎。

象曰：不出戶庭，知通塞也。

〔現代解析〕應該了解自己所處的時機與環境是通達還是閉塞，以便決定該怎麼做。時機不對，就要節制自己，節制之初，以少說多做，不隨意出言，言多必失，禍從口出，所謂「君子慎密而不出也」。

九二，不出門庭，凶。

象曰：不出門庭，凶，失時極也。

〔現代解析〕在適當的時機，應該有所作為時，就不可太拘泥保守，或一直迴避退隱。如此一來就會喪失大好機會。有時候，在非常時期，節骨眼的時候，就要靈

活一點，應該出仕則出仕，應該出貨賣股票，就要變賣它。否則失去關鍵時刻，就無所作為了。

六三，不節若，則嗟若，无咎。

象曰：不節之嗟，又誰咎也。

〔現代解析〕 一個人若不知節制，金錢運用不知量入為出，成為卡奴。或身體健康不知節慾，人際關係不知應對尺度。不節則必有損失憂患，這些都是咎由自取，自食惡果，怨不了別人。若能有悔意，就可以無災咎。

六四，安節，亨。

象曰：安節之亨，承上道也。

〔現代解析〕人們往往需要的不多，但想要的太多，若能安然養成自我節制的習慣與心態，就能夠持久亨通。例如飲食不過度，三餐限量，吃七分飽，活到老老老。有一個老婆，一間房子可住就心滿意足，也會心安理得。

九五，甘節，吉，往有尚。

象曰：甘節之吉，居位中也。

〔現代解析〕領導者制定節約，要適時、適度、合情合理，並使人民知道節約的好處，自己以身作則，形成習慣，人民自然心甘情願樂於遵從。自然就可以達到效益。例如要節約用水，節約能源、節約婚喪喜慶宴會等等。

上六，苦節，貞凶，悔亡。

象曰：苦節貞凶，其道窮也。

〔現代解析〕 若一直堅持節約到極點，好像是在受苦刑，那麼就矯枉過正了，是不足取也。教育子女管教太嚴苛，司法輕罪重判，都會產生反效果。生活水準已經提高了，還在過苦行僧的生活，違反人性常則，省吃儉用，弄壞身體。若能知悔改，才不會後悔。

中孚卦第六十一

䷼

兌下　巽上

中孚。豚魚吉，利涉大川，利貞。

彖曰：中孚，柔在內而剛得中；說而巽，孚乃化邦也。豚魚吉，信及豚魚也；利涉大川，乘木舟虛也；中孚以利貞，乃應乎天也。

象曰：澤上有風，中孚；君子以議獄緩死。

〔現代解析〕　天道的法則是誠信的，人們要是能效法天德，誠信於中，都可遍及萬物。例如豬與魚是泯頑難以感化的動物，只要人們對牠們有誠信，牠們也會聚集

在一起等人們的餵食。所以只要本著正道，發自內心自性的誠信，就可以冒險犯難，開創事業。

誠信於中，是內心要虛心又充實。懷著喜悅心情，恭遜對外，如此才能教化他人。因此，領導者用人則不疑，疑人則不用。務必使上下互動和諧，情義相挺。至於防弊方面，則有法規制度約束則可。

卦象是風行水上，水能受之，故風一吹而無遠弗屆。由此可知，人們只要開誠布公，心誠於內，誠意也可以感動一切。君子效法卦象有恩澤之意，所以在判斷獄情時，一定做到仔細評議案情，不濫施酷刑及死刑。儘量做到寬緩死刑，因為，上天有好生之德，刑罰目的旨在達到教化為主。

初九，虞，吉；有他，不燕。

象曰：初九虞吉，志未變也。

〔現代解析〕古云：「用人不疑，疑人不用。」用人之初固然要再三考慮斟酌，不宜隨便。但一旦經過任用之後，就不宜三心二意，心生疑慮，反而會使自己內心不得安寧。若能夠始終保持誠信的心志，就會吉祥安逸。

九二，鳴鶴在陰，其子和之，我有好爵，吾與爾靡之。

象曰：其子和之，中心願也。

〔現代解析〕言行一致的人，心中一定是有誠信，才會被人信任。君臣有誠信，才會誠意的溝通，彼此內心也會感同身受，相互應和。就像鶴鳥在陰暗處鳴叫，其子便循聲應和之，這是因為誠信緣故，心靈才會彼此相通共鳴。所以，一個人誠信的言語對他人的影響是非常大的。推而引之，一個人的言行要有誠信。否則，沒人會理你，而自取其辱。

六三，得敵，或鼓或罷，或泣或歌。

象曰：或鼓或罷，位不當也。

〔現代解析〕倘若所處環境地位不恰當，面對敵人時內心就無法掌握自己，時而信心十足想高歌振奮往前衝，時而又喪失信心悲泣而作罷。政客的心態就是如此，出而仕或退而隱，生命就繫在各種不確定的因素上。如果沒有誠信的堅定信念，往往不知所措。

六四，月幾望，馬匹亡，无咎。

象曰：馬匹亡，絕類上也。

〔現代解析〕所謂「德不孤，必有鄰。」這一爻居第四爻，接近九五君爻的位置。幾

乎到了滿月的尊貴，自己本身得位又上承九五之尊，追隨賢君，對上奉承迎合，自然無咎。即使沒有同夥相助也無妨。

九五，有孚攣如，无咎。

象曰：有孚攣如，位正當也。

〔現代解析〕領導者如能建立誠信，大家就會心心相連，像繩結般牢靠著繫在一起，堅固無比。意旨即群眾基礎扎實的話，就是佔據最有利的位置。

上九，翰音登于天，貞凶。

象曰：翰音登于天，何可長也。

〔現代解析〕誠信按時報曉的公雞，振翅高鳴，鳴聲高達天上，但終究還是身處在地

下，何況雖鳴之聲也無法持久的叫。這是意謂才學不夠的人，又自信滿滿，一味想往上爬，虛張浮誇，自鳴自唱，孤芳自賞，聲望看似很高，結果因為自己才學不夠，又功高震主，剛愎自用，必然招禍失敗。

小過卦第六十二

䷽ 艮下 震上

小過。亨，利貞，可小事，不可大事。飛鳥遺之音，不宜上，宜下，大吉。

彖曰：小過，小者過而亨也；過以利貞，與時行也；柔得中，是以小事吉也；剛失位而不中，是以不可大事也；有飛鳥之象焉，飛鳥遺之音，不宜上宜下，大吉，上逆而下順也。

象曰：山上有雷，小過；君子以行過乎恭，喪過乎哀，用過

乎儉。

〔現代解析〕「人非聖賢，孰能無過」，「神仙打鼓有時錯」，「人無完人，金無足赤」，人生過程中，難免有小過錯。有時候小過錯，只要隨時糾正調整回來即可，甚至還可以從小過錯中學習到經驗，有利於成長。所以說，小小超過，只要固守正道，就能成功。

但是有些事情就必須非常精準嚴謹，例如國家大事，科學數據等就不可稍有過失，所謂「差之毫釐，失之千里」。「分金差一線，富貴不相見」。所以小過只能適用於日常小事上，同時也要跟著時代脈動，才會有利。

思想太過拘謹、落後太多也是不行。

做人處世稍微克己約束是可以的。例如行為稍過於謙恭保守，喪期稍過於哀傷，開支稍過於節儉是無妨。但是不可過於執著，高估自己，蠻幹不務實，好高騖遠，或太過於悲傷，或十分克儉就不宜。像小鳥飛得太高則有危險，小鳥應該低飛才能找到

棲宿之地。還有鳥叫聲在空中太高處是不被聽到欣賞，所以是沒有用處的。總之，小過不是向外膨脹，而是向內儉約。

初六，飛鳥以凶。

象曰：飛鳥以凶，不可如何也。

〔現代解析〕人若沒有風險意識，只急於求成功，或不自量力，才小志大，位卑心傲，不知收斂。就會像剛出生的小鳥一樣，一味地飛高飛遠，遇到危險時，誰也救不了。

做人處世也是一樣，宜按部就班，腳踏實地，不可過度奢望，順其自然，才能掌控自己。

六二，過其祖，遇其妣，不及其君，遇其臣，无咎。

象曰：不及其君，臣不可過也。

〔現代解析〕君與臣之間的關係很微妙，做臣子的不可失大節，才幹鋒芒不可超過其君。主與僕相處本當就應有分寸，才不會有災咎。

九三，弗過防之，從或戕之，凶。

象曰：從或戕之，凶如何也。

〔現代解析〕與小人相處，應該謹慎防備，若是一味屈從小人或是防衛過當而殺害小人，都將會帶來凶險。所以不應該急躁或採取過於剛烈的手段。

九四，无咎，弗過遇之，往厲必戒，勿用永貞。

象曰：弗過遇之，位不當也；往厲必戒，終不可長也。

〔現代解析〕 做事宜剛柔並濟，常言道：識時務者為俊傑，做人處世，不可固守成見，應知所變通。處理小人事務不可太積極，過當處置會有凶險，宜戒惕之。畢竟小人得勢是不會太長久的。用不著過度正義，急於一時除之而後快。

六五，密雲不雨，自我西郊，公弋取彼在穴。

象曰：密雲不雨，已上也。

〔現代解析〕 雲層太高，雨是下不來。意謂一個人陳義過高，不足以成大事。這一爻是說，領導者若自視太高，好大喜功，也無法將恩澤下於人民。所以身為領導者宜修德養性，自我充實，勵精圖治，除惡安良，務實治國，才能嘉惠人民。

上六，弗遇過之，飛鳥離之，凶，是謂災眚。

象曰：弗遇過之，已亢也。

〔現代解析〕

小過卦重點在「不宜上，宜下」，倘若一個人目中無人，胡作非為，瞎拼蠻幹，超過太多，終將禍害及身。例如，小鳥飛得過高，沒得棲身，終將罹難。

人生行事應懂得適當節制，也要隨時審時度勢，抓住機會，若不知變通，往往錯失機會，失之交臂。若還目中無人，極端高亢，勇往直前，就會自招其災。

既濟卦第六十三

䷾ 離下 坎上

既濟。亨小，利貞；初吉終亂。

彖曰：既濟亨，小者亨也；利貞，剛柔正而位當也；初吉，柔得中也；終止則亂，其道窮也。

象曰：水在火上，既濟；君子以思患而豫防之。

〔現代解析〕人生是無數個段落組成，事業告一段落，一切圓滿穩定就緒，大小事情都亨通。還是要堅守著正道，繼續奮鬥，才會有利。勝利成功可說是件好事，也可說不是件好事。因為天道的規律是盛極必衰，物極必反，客觀環境無時無刻不

在變化。所以當事業成功時，若是志得意滿，由驕而生惰，不再繼續上進，不跟上時代。雖然一時的成功，反而會使人事僵化，失去應變的彈性。所謂創業難，守成更難了。

卦象水在火上，代表陰陽相交，剛柔相推，各正其位，找到自性，證得涅槃。但此心止住了，彼心又生起來，故曰終止則亂。意謂修行要不斷的向上提升層次。

在身體方面，任脈屬水，督脈屬火，水在上卦潤下，火在下卦炎上，水火相濟。任督兩脈通暢，身體自然平衡健康。但任督脈打通完成後，氣脈又要進入奇經八脈、帶脈、中脈等，亦是終止則亂。練功也是要不斷地精進。

在人事方面，成功就是衰敗的開始，隱藏在成功背後的危機、弊端，若不事先加以預防，將趨向失敗。所以君子安則思危，治則思亂，存則思亡，凡事要防患於未然。月亮全滿則轉為虧，花兒全開則轉而凋謝，道窮終亂是也。

初九，曳其輪，濡其尾，无咎。

象曰：曳其輪，義无咎也。

〔現代解析〕成功之後，還是需要更小心謹慎，行事要放慢腳步。爻辭說用繩子將車輪往後拉，使其減速。小狐狸要渡河，先沾濕其尾巴測試水性，小心翼翼的過河。總之，防患在先是不會有災咎的。

六二，婦喪其茀，勿逐，七日得。

象曰：七日得，以中道也。

〔現代解析〕追求事業成功，要從容不迫，不必急著去找遺落在各地的賢達人士，一切隨緣任運，只要守住中道，做好自己應做之事，時機到了，賢達之人就會找上門來。譬如貴婦人遺失了首飾，用不著急著去找，可以暫時不用，說不定有一天又出現找到了。

九三，高宗伐鬼方，三年克之，小人勿用。

象曰：三年克之，憊也。

〔現代解析〕 殷商時期的高宗討伐鬼方部族，花了三年時間，用時間換取空間的策略，才將其征服，當然是十分疲憊。所以，除非是英明有謀略的領導者，否則不應該輕舉興兵動武。做事業亦然，本身專業能力要夠，還要有全盤的規劃，方可行動，沒有足夠實力，不可貿然嘗試。

六四，繻有衣袽，終日戒。

象曰：終日戒，有所疑也。

〔現代解析〕華麗的錦繡衣服，終究也會變成破棉絮。這意思是說，成功後不可矜誇、浪費，還是要克勤克儉。保持警惕之心，戒懼災禍衰敗的降臨。

九五，東鄰殺牛，不如西鄰之禴祭，實受其福。

象曰：東鄰殺牛，不如西鄰之時也；實受其福，吉大來也。

〔現代解析〕東鄰的商紂王以厚禮祭祀，還不如西鄰的周文王以薄禮祭祀有效用。為什麼福澤反而降臨在薄禮祭祀的西鄰呢？因為西鄰的祭祀時間恰當又有誠敬之心，所以能受到大大的福報。身為領導者應該懂得這個道理，用不著講究大排場。也不可被盛大的表象所迷惑。

在人際關係上，送禮雖薄，但是只要有誠意又抓對了恰當的時間點，如此就會讓他人快樂笑納。

上六，濡其首，厲。

象曰：濡其首厲，何可久也。

〔現代解析〕河水已浸到渡河中小狐的頭，快要沒頂溺斃了，焉能再持續下去。比喻成功後，若不居安思危，反被成功沖昏了頭，而不知節制，放浪形骸，貪圖享樂或盲目擴充，終將會很快的自取滅亡。

未濟卦第六十四

䷿ 坎下 離上

未濟。亨。小狐汔濟，濡其尾，无攸利。

彖曰：未濟亨，柔得中也；小狐汔濟，未出中也；濡其尾，无攸利，不續終也；雖不當位，剛柔應也。

象曰：火在水上，未濟；君子以慎辨物居方。

〔現代解析〕 宇宙人生永遠生生不息，無窮盡。一件事情完成了，後面又有一件事等著你再去完成。一切都是過程的累積，永遠都是重新的開始，重新的再出發。

未濟卦是尚未完成之意，一切從零開始，只要努力，終有成功的一天。所以未濟

卦是亨通的。但是做事不夠專注，有始無終，將會功敗垂成。如同小狐過河，只顧前沒顧後，結果幾乎要過河了，尾巴卻浸濕而無法達到彼岸。一切都徒勞無功，即所謂「有抓沒到，等於沒抓」。所以，做事情一定要貫徹始終，方能有成。

卦象是火在上，水在下，水火不交，萬物不通，外明內險。六爻皆不當位，卻都有相應。意謂事物的發展又回到原點，從頭開始，希望無限，重新整頓，有不利的環境，也有有利的因素。有智慧的領導者，能夠謹慎辨別物類及物性，將各種事物依「物以群分，方以類聚」原則，各就其位，使萬物各得其所，使人事皆能居其適當位置發揮所長，安身立命。如此一來就可化未濟為既濟。從先前的勝利或失敗都能再走向勝利。

序卦傳曰：「物不可以窮也，故受之以未濟。」事物的發展原本都是循著一定的規律，週而復始。所以，易經最後一卦以未濟卦結束，也可說是另一個開始。學易經不要怕開始，有開始就有希望。

初六，濡其尾，吝。

象曰：濡其尾，亦不知極也。

〔現代解析〕小狐過河，經驗與實力皆不足，沾濕了尾巴，以致過不了河，真丟人現眼。比喻一個人不自量力，不知道自己實力的極限，勉強逞強為不能為之事，最後遭到羞辱。所以，平時要充實自己實力，認清環境，等待時機成熟之後，方可行動。

九二，曳其輪，貞吉。

象曰：九二貞吉，中以行正也。

〔現代解析〕會開車的人，當車子下坡時，一定會踩住煞車，控制車速。比喻一個有

能力的人，善於掌控過程中的每一環節，做出正確的因應策略，就會成功吉祥。從卦象看，陽剛之爻居中位，對應於陰柔的君位。提醒為臣之道當為而為，但要小心謹慎行事，方為吉祥。

六三，未濟，征凶，利涉大川。

象曰：未濟征凶，位不當也。

〔現代解析〕 尚未成功之時，處境危險，困難重重，貿然行動是十分危險。但不敢出去闖，就永遠沒有成功機會。所以，此時一定要敢於冒險，要有決心、毅力、策略，謀定而後動。採取以戰求存的精神才能渡過難關。

九四，貞吉，悔亡，震用伐鬼方，三年有賞于大國。

象曰：貞吉悔亡，志行也。

〔現代解析〕目標的實現，在於是否有堅強的毅力與全盤的規劃。例如高宗伐鬼方，奮鬥了三年的艱困時間才達成，成功之後還需要給予功臣論功行賞，終得以完成平定天下的志願。

六五，貞吉，无悔，君子之光，有孚，吉。

象曰：君子之光，其暉吉也。

〔現代解析〕英明的領導者，能夠任用賢臣輔佐政事，又能以誠信使人民信服，並堅守正道，與人民同舟共濟，一起渡過危難而成功。能夠從未濟到既濟，這都要歸功於有智慧的領導者。其德行如太陽的光輝普照大地，人民如沐春暉，普天同慶，吉祥幸福。

上九，有孚于飲酒，无咎；濡其首，有孚失是。

象曰：飲酒濡首，亦不知節也。

〔現代解析〕

未濟卦的終極之爻，亦是易經三百八十四爻的最後一爻，表示一切將達於圓滿成功，滿懷信心飲杯酒慶祝又何妨？但若飲酒不知節制，陶醉在勝利成功的幻境中，則一切將前功盡棄又會回歸原點。就像小狐濡其首，樂極生悲的悲劇再重演。易經告誡我們盛極必衰，衰極必盛的道理。惟行事一定隨時都要有所警惕、節制。總而言之，易道圓通，週而復始，貴乎慎終與慎始。

〔附錄〕

朱子周易序

易之為書，卦爻彖象之義備，而天地萬物之情見。聖人之憂天下來世其至矣！先天下而開其物，後天下而成其務。是故極其數，以定天下之象；著其象，以定天下之吉凶。六十四卦、三百八十四爻，皆所以順性命之理，盡變化之道也。散之在理，則有萬殊；統之在道，則无二致。所以「易有太極，是生兩儀」。太極者，道也；兩儀者，陰陽也。陰陽，一道也；太極无極也。萬物之生，負陰而抱陽，莫不有

太極，莫不有兩儀，絪縕交感，變化不窮。形一受其生，神一發其智，情偽出焉，萬緒起焉。

易所以定吉凶而生大業，故易者，陰陽之道也；卦者，陰陽之物也；爻者，陰陽之動也。卦雖不同，所同者奇耦；爻雖不同，所同者九六，是以六十四卦為其體，三百八十四爻互為其用，遠在六合之外，近在一身之中，暫於瞬息，微於動靜，莫不有卦之象焉，莫不有爻之義焉。

至哉易乎！其道至大而无不包，其用至神而无不存。時固未始有一，而卦未始有定象；事固未始有窮，而爻亦未始有定位。以一時而索卦，則拘於无變，非易也；以一事而明爻，則窒而不通，非易也；知所謂卦爻彖象之義，而不知有卦爻彖象之用，亦非易也。故得之於精神之運，心術之動；與天地合其德，與日月合其明，與四時合其序，與鬼神合其吉凶，然後可以謂之知易也。

雖然，易之有卦，易之已形者也；卦之有爻，卦之已見者也。已形已見者，可以言知；未形未見者，不可以名求；則所謂易者果何如哉？此學者所當知也。

序卦傳

上篇

有天地，然後萬物生焉，盈天地之間者唯萬物，故受之以屯。屯者，盈也；屯者，物之始生也。物生必蒙，故受之以蒙。蒙者，蒙也，物之穉也。物穉不可不養也，故受之以需。需者，飲食之道也；飲食必有訟，故受之以訟。訟必有眾起，故受之以師。師者，眾也；眾必有所比，故受之以比。比者，比也。比必有所畜，故受之以小畜。物畜然後有禮，故受之以履。履而泰，然後安，故受之以泰。

泰者，通也；物不可以終通，故受之以否。物不可以終否，故受之以同人。與人同者，物必歸焉，故受之以大有。有大者不可以盈，故受之以謙。有大而能謙，必豫，故受之以豫。豫必有隨，故受之以隨。以喜隨人者必有事，故受之以蠱。蠱者，事也；有事而後可大，故受之以臨。臨者，大也；物大然後可觀，故受之以觀。可觀而後有所合，故受之以噬嗑。嗑者，合也；物不可以苟合而已，故受之以賁。賁者，飾也；致飾然後亨，則盡矣，故受之以剝。剝者，剝也；物不可以終盡，剝窮上反下，故受之以復。復則不妄矣，故受之以无妄。有无妄，然後可畜，故受之以大畜。物

畜然後可養，故受之以頤。頤者，養也；不養則不可動，故受之以大過。物不可以終過，故受之以坎。坎者，陷也。陷必有所麗，故受之以離。離者，麗也。

下篇

有天地，然後有萬物，有萬物，然後有男女，有男女，然後有夫婦，有夫婦，然後有父子，有父子，然後有君臣，有君臣，然後有上下，有上下，然後禮義有所錯。夫婦之道，不可以不久也，故受之以恆。恆者，久也；物不可以久居其所，故受之以遯。遯者，退也；物不可以終遯，故受之

以大壯。物不可以終壯，故受之以晉。晉者，進也。進必有所傷，故受之以明夷。夷者，傷也；傷於外者必反於家，故受之以家人。家道窮必乖，故受之以睽。睽者，乖也；乖必有難，故受之以蹇。蹇者，難也；物不可以終難，故受之以解。解者，緩也；緩必有所失，故受之以損。損而不已必益，故受之以益。益而不已必決，故受之以夬。夬者，決也；決必有所遇，故受之以姤。姤者，遇也；物相遇而後聚，故受之以萃。萃者，聚也；聚而上者謂之升，故受之以升。升而不已必困，故受之以困。困乎上者必反下，故受之以井。井道不可不革，故受之以革。革物者莫若鼎，故受之

以鼎。主器者莫若長子，故受之以震。震者，動也；物不可以終動，止之，故受之以艮。艮者，止也；物不可以終止，故受之以漸。漸者，進也；進必有所歸，故受之以歸妹。得其所歸者必大，故受之以豐。豐者，大也；窮大者必失其居，故受之以旅。旅而无所容，故受之以巽。巽者，入也；入而後說之，故受之以兌。兌者，說也；說而後散之，故受之以渙。渙者，離也；物不可以終離，故受之以節。節而信之，故受之以中孚。有其信者必行之，故受之以小過。有過物者必濟，故受之以既濟，物不可窮也，故受之以未濟終焉。

說卦傳

第一章

昔者聖人之作易也，幽贊於神明而生蓍。參天兩地而倚數，觀變於陰陽而立卦，發揮於剛柔而生爻，和順於道德而理於義，窮理盡性以至於命。

第二章

昔者聖人之作易也，將以順性命之理。是以立天之道，曰陰與陽；立地之道，曰柔與剛；立人之道，曰仁與義；兼

三才而兩之，故易六畫而成卦。分陰分陽，迭用柔剛，故易六位而成章。

第三章

天地定位，山澤通氣，雷風相薄，水火不相射，八卦相錯。數往者順，知來者逆，是故易，逆數也。

第四章

雷以動之，風以散之，雨以潤之，日以烜之，艮以止之，兌以說之，乾以君之，坤以藏之。

第五章

帝出乎震，齊乎巽，相見乎離，致役乎坤，說言乎兌，戰乎乾，勞乎坎，成言乎艮。萬物出乎震，震，東方也。齊乎巽，巽，東南也；齊也者，言萬物之絜齊也。離也者，明也，萬物皆相見，南方之卦也；聖人南面而聽天下，嚮明而治，蓋取諸此也。坤也者，地也，萬物皆致養焉，故曰致役乎坤。兌，正秋也，萬物之所說也，故曰說言乎兌。戰乎乾，乾，西北之卦也，言陰陽相薄也。坎者，水也，正北方之卦也，勞卦也，萬物之所歸也，故曰勞乎坎。艮，東北之卦也，萬物之所成終而成始也，故曰成言乎艮。

第六章

神也者，妙萬物而為言者也。動萬物者莫疾乎雷，撓萬物者莫疾乎風，躁萬物者莫熯乎火，說萬物者莫說乎澤，潤萬物者莫潤乎水，終萬物始萬物者莫盛乎艮。故水火相逮，雷風不相悖，山澤通氣，然後能變化，既成萬物也。

第七章

乾，健也；坤，順也；震，動也；巽，入也；坎，陷也；離，麗也；艮，止也；兌，說也。

第八章

乾為馬，坤為牛，震為龍，巽為雞，坎為豕，離為雉，艮為狗，兌為羊。

第九章

乾為首，坤為腹，震為足，巽為股，坎為耳，離為目，艮為手，兌為口。

第十章

乾，天也，故稱乎父；坤，地也，故稱乎母。震一索而得男，故謂之長男；巽一索而得女，故謂之長女；坎再索而得男，故謂之中男；離再索而得女，故謂之中女；艮三索而得男，故謂之少男；兌三索而得女，故謂之少女。

第十一章

乾為天，為圜，為君，為父，為玉，為金，為寒，為冰，為大赤，為良馬，為老馬，為瘠馬，為駁馬，為木果。

坤為地，為母，為布，為釜，為吝嗇，為均，為子母牛，為大輿，為文，為眾，為柄，其為地也為黑。

震為雷，為龍，為玄黃，為旉，為大塗，為長子，為決躁，為蒼筤竹，為萑葦；其於馬也為善鳴，為馵足，為作足，為的顙；其於稼也為反生，其究為健，為蕃鮮。

巽為木，為風，為長女，為繩直，為工，為白，為長，為高，為進退，為不果，為臭；其於人也，為寡髮，為廣顙，為多白眼，為近利市三倍；其究為躁卦。

坎為水，為溝瀆，為隱伏，為矯輮，為弓輪；其於人也，為加憂，為心病，為耳痛；為血卦，為赤；其於馬也，

為美脊，為亟心，為下首，為薄蹄，為曳；其於輿也為多眚；為通，為月，為盜；其於木也為堅多心。

離為火，為日，為電，為中女，為甲冑，為戈兵；其於人也為大腹，為乾卦，為鱉，為蟹，為蠃，為蚌，為龜；其於木也為科上槁。

艮為山，為徑路，為小石，為門闕，為果蓏，為閽寺，為指，為狗，為鼠，為黔喙之屬，其於木也為堅多節。

兌為澤，為少女，為巫，為口舌，為毀折，為附決；其於地也，為剛鹵；為妾，為羊。

繫辭上傳

（此篇乃孔子所述繫辭之傳也，以其通論一經之大體。）

第一章

天尊地卑，乾坤定矣；卑高以陳，貴賤位矣。動靜有常，剛柔斷矣；方以類聚，物以群分，吉凶生矣。在天成象，在地成形，變化見矣。是故剛柔相摩，八卦相盪，鼓之以雷霆。潤之以雨，日月運行，一寒一暑。

乾道成男，坤道成女；乾知大始，坤作成物。乾以易知，坤以簡能；易則易知，簡則易從；易知則有親，易從則有功；有親則可久，有功則可大；可久則賢人之德，可大則賢人之業，易簡而天下之理得矣。天下之理得，而成位乎其中矣。

第二章

聖人設卦觀象，繫辭焉而明吉凶，剛柔相推而生變化。是故吉凶者，失得之象也；悔吝者，憂虞之象也；變化者，進退之象也；剛柔者，晝夜之象也；六爻之動，三極之道也。

是故君子所居而安者，易之序也；所樂而玩者，爻之辭也，是故君子居則觀其象而玩其辭，動則觀其變而玩其占，是以自天祐之，吉无不利。

第三章

彖者，言乎象者也；爻者，言乎變者也；吉凶者，言乎其失得也；悔吝者，言乎其小疵也；无咎者，善補過也。是故列貴賤者存乎位，齊小大者存乎卦，辨吉凶者存乎辭，憂悔吝者存乎介，震无咎者存乎悔。是故卦有小大，辭有險易。辭也者，各指其所之。

第四章

易與天地準，故能彌綸天地之道。

仰以觀於天文，俯以察於地理，是故知幽明之故；原始反終，故知死生之說；精氣為物，游魂為變，是故知鬼神之情狀；與天地相似，故不違；知周乎萬物而道濟天下，故不過；旁行而不流，樂天知命，故不憂；安土敦乎仁，故能愛。

範圍天地之化而不過，曲成萬物而不遺，通乎晝夜之道而知，故神无方而易无體。

第五章

一陰一陽之謂道。繼之者，善也；成之者，性也。仁者見之謂之仁，知者見之謂之知，百姓日用而不知，故君子之道鮮矣。顯諸仁，藏諸用，鼓萬物而不與聖人同憂，盛德大業至矣哉。富有之謂大業，日新之謂盛德，生生之謂易，成象之謂乾，效法之謂坤，極數知來之謂占，通變之謂事，陰陽不測之謂神。

第六章

夫易，廣矣，大矣！以言乎遠則不禦，以言乎邇則靜而

正，以言乎天地之間則備矣。

夫乾，其靜也專，其動也直，是以大生焉，夫坤，其靜也翕，其動也闢，是以廣生焉。廣大配天地，變通配四時，陰陽之義配日月，易簡之善配至德。

第七章

子曰：「易其至矣乎！夫易，聖人所以崇德而廣業也。知崇禮卑，崇效天，卑法地。

天地設位，而易行乎其中矣。成性存存，道義之門。」

第八章

聖人有以見天下之賾，而擬諸其形容，象其物宜，是故謂之象。

聖人有以見天下之動，而觀其會通，以行其典禮，繫辭焉以斷其吉凶，是故謂之爻。

言天下之至賾而不可惡也，言天下之至動而不可亂也。

擬之而後言，議之而後動，擬議以成其變化。

「鳴鶴在陰，其子和之；我有好爵，吾與爾靡之。」子曰：「君子居其室，出其言善，則千里之外應之，況其邇者乎？居其室，出其言不善，則千里之外違之，況其邇者乎？

言出乎身，加乎民，行發乎邇，見乎遠。言行，君子之樞機，樞機之發，榮辱之主也。言行，君子之所以動天地也，可不慎乎？」

「同人，先號咷而後笑。」子曰：「君子之道，或出或處，或默或語，二人同心，其利斷金；同心之言，其臭如蘭。」

「初六，藉用白茅，无咎。」子曰：「苟錯諸地而可矣，藉之用茅，何咎之有？慎之至也。夫茅之為物薄，而用可重也。慎斯術也以往，其无所失矣。」

「勞謙，君子有終，吉。」子曰：「勞而不伐，有功而不

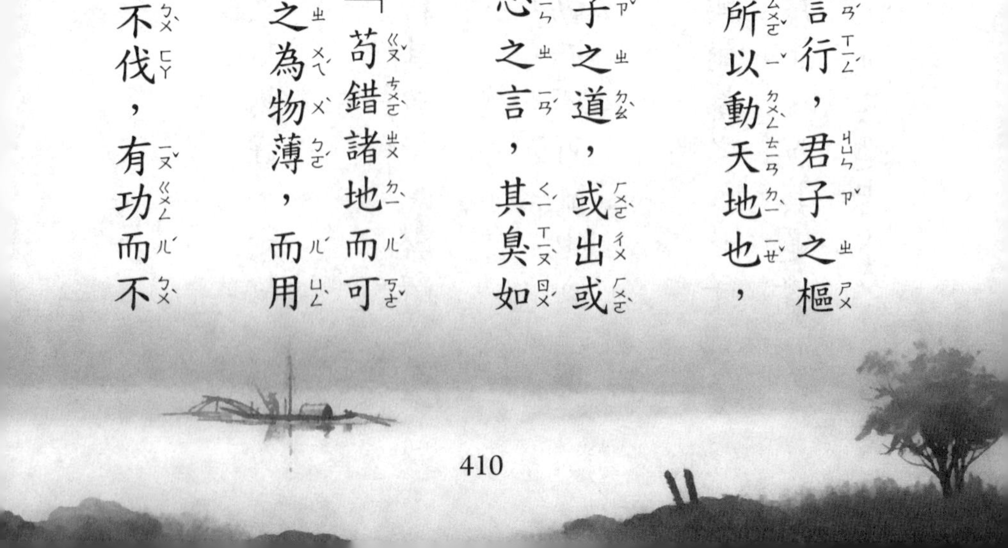

德，厚之至也。語以其功下人者也。德言盛，禮言恭。謙也者，致恭以存其位者也。」

「亢龍有悔。」子曰：「貴而无位，高而无民，賢人在下位而无輔，是以動而有悔也。」

「不出戶庭，无咎。」子曰：「亂之所生也，則言語以為階。君不密，則失臣；臣不密，則失身；幾事不密，則害成；是以君子慎密而不出也。」

子曰：「作易者其知盜乎？易曰：『負且乘，致寇至』。負也者，小人之事也；乘也者，君子之器也。小人而乘君子之器，盜思奪之矣；上慢下暴，盜思伐之矣；慢藏誨盜，冶容誨淫，易曰：『負且乘，致寇至』，盜之招也。」

第九章

天一，地二，天三，地三，天五，地六，天七，地八，天九，地十。

天數五，地數五，五位相得而各有合。天數二十有五，地數三十；凡天地之數五十有五，此所以成變化而行鬼神也。

大衍之數五十，其用四十有九，分而為二以象兩，掛一以象三，揲之以四以象四時，歸奇於扐以象閏，五歲再閏，故再扐而後掛。乾之策，二百一十有六，坤之策，百四十有四，凡三百有六十，當期之日。二篇之策，萬有一千五百二十，當萬物之數也。是故四營而成易，十有八變而成卦，八卦而小成。引而伸之，觸類而長之，天下之能事畢矣。

顯道神德行，是故可與酬酢，可與祐神矣，子曰：「知變化之道者，其知神之所為乎？」

第十章

易有聖人之道四焉，以言者尚其辭，以動者尚其變，以制器者尚其象，以卜筮者尚其占。

是以君子將有為也，將有行也，問焉而以言，其受命也如嚮，无有遠近幽深，遂知來物，非天下之至精，其孰能與於此？

參伍以變，錯綜其數，通其變，遂成天下之文，極其數，遂定天下之象。非天下之至變，其孰能與於此？

易无思也，无為也，寂然不動，感而遂通天下之故。非天下之至神，其孰能與於此？

夫易，聖人之所以極深而研幾也。唯深也，故能通天下之志；唯幾也，故能成天下之務；唯神也，故不疾而速，不行而至。

子曰：「易有聖人之道四焉」者，此之謂也。

第十一章

子曰：「夫易何為者也？夫易，開物成務，冒天下之道，如斯而已者也。」是故聖人以通天下之志，以定天下之業，以斷天下之疑。

是故蓍之德圓而神，卦之德方以知，六爻之義易以貢。聖人以此洗心，退藏於密，吉凶與民同患，神以知來，知以藏往，其孰能與於此哉？古之聰明睿知，神武而不殺者夫！是以明於天之道，而察於民之故，是與神物以前民用；

聖人以此齋戒，以神明其德夫！

是故闔戶謂之坤，闢戶謂之乾；一闔一闢謂之變，往來不窮謂之通。見乃謂之象，形乃謂之器，制而用之謂之法；利用出入，民咸用之，謂之神。

是故易有太極，是生兩儀，兩儀生四象，四象生八卦，八卦定吉凶，吉凶生大業。

是故法象莫大乎天地，變通莫大乎四時，縣象著明莫大乎日月，崇高莫大乎富貴；備物致用，立成器以為天下利，莫大乎聖人；探賾索隱，鉤深致遠，以定天下之吉凶，成天下之亹亹者，莫大乎蓍龜。

是故天生神物，聖人則之；天地變化，聖人效之；天垂象，見吉凶，聖人象之；河出圖，洛出書，聖人則之。易有四象，所以示也；繫辭焉，所以告也；定之以吉凶，所以斷也。

第十二章

易曰：「自天祐之，吉无不利。」子曰：「祐者，助也。天之所助者，順也；人之所助者，信也。履信思乎順，又以尚賢也，是以『自天祐之，吉无不利』也。」

子曰：「書不盡言，言不盡意。」然則聖人之意，其不

可見乎？子曰：「聖人立象以盡意，設卦以盡情偽，繫辭焉以盡其言，變而通之以盡利，鼓之舞之以盡神。」

乾坤，其易之縕邪？乾坤成列，而易立乎其中矣；乾坤毀，則无以見易；易不可見，則乾坤或幾乎息矣。

是故形而上者謂之道，形而下者謂之器，化而裁之謂之變，推而行之謂之通，舉而錯之天下之民謂之事業。

是故夫象，聖人有以見天下之賾，而擬諸其形，象其物宜，是故謂之象。聖人有以見天下之動，而觀其會通，以行其典禮，繫辭焉，以斷其吉凶，是故謂之爻。

極天下之賾者存乎卦，鼓天下之動者存乎辭；化而裁之

存乎變，推而行之存乎通；神而明之，存乎其人；默而成之，不言而信，存乎德行。

繫辭下傳

第一章

八卦成列，象在其中矣；因而重之，爻在其中矣；剛柔相推，變在其中矣；繫辭焉而命之，動在其中矣。吉凶悔吝者，生乎動者也；剛柔者，立本者也；變通者，趣時者也。吉凶者，貞勝者也；天地之道，貞觀者也；日月之道，貞明者也；天下之動，貞夫一者也。

夫乾，確然示人易矣；夫坤，隤然示人簡矣。爻也者，效此者也，象也者，像此者也。爻象動乎內，吉凶見乎外。

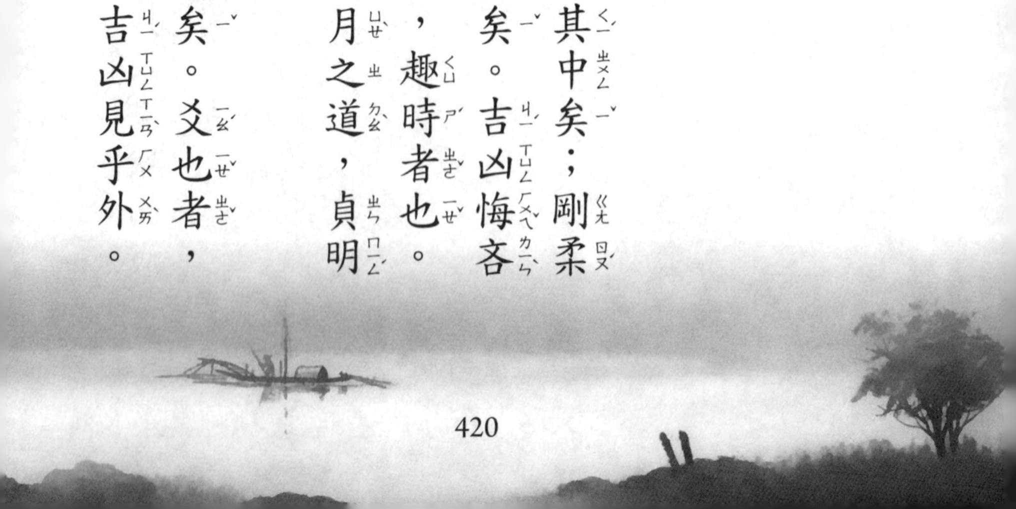

功業見乎變，聖人之情見乎辭。

天地之大德曰生，聖人之大寶曰位。何以守位曰仁，何以聚人曰財。理財正辭，禁民為非曰義。

第二章

古者包犧氏之王天下也，仰則觀象於天，俯則觀法於地，觀鳥獸之文，與地之宜，近取諸身，遠取諸物；於是始作八卦，以通神明之德，以類萬物之情。作結繩而為罔罟，以佃以漁，蓋取諸離。

包犧氏沒，神農氏作，斲木為耜，揉木為耒，耒耨之利，以教天下，蓋取諸益。

日中為市，致天下之民，聚天下之貨，交易而退，各得其所，蓋取諸噬嗑。

神農氏沒，黃帝、堯、舜氏作，通其變，使民不倦，神而化之，使民宜之。易，窮則變，變則通，通則久；是以自天祐之，吉无不利。黃帝、堯、舜垂衣裳而天下治，蓋取諸乾坤。

刳木為舟，剡木為楫，舟楫之利，以濟不通，致遠以利天下，蓋取諸渙。服牛乘馬，引重致遠，以利天下，蓋取諸隨。重門擊柝，以待暴客，蓋取諸豫。斷木為杵，掘地為臼，臼杵之利，萬民以濟，蓋取諸小過。弦木為弧，剡木為矢，弧矢之利，以威天下，蓋取諸睽。

上古穴居而野處，後世聖人易之以宮室，上棟下宇，以待風雨，蓋取諸大壯。古之葬者，厚衣之以薪，葬之中野，不封不樹，喪期无數，後世聖人易之以棺槨，蓋取諸大過。上古結繩而治，後世聖人易之以書契，百官以治，萬民以察，蓋取諸夬。

第三章

是故易者，象也，象也者，像也。彖者，材也。爻也者，效天下之動者也。是故吉凶生而悔吝著也。

第四章

陽卦多陰，陰卦多陽，其故何也？陽卦奇，陰卦耦。其德行何也？陽一君而二民，君子之道也；陰二君而一民，小人之道也。

第五章

易曰：「憧憧往來，朋從爾思。」子曰：「天下何思何慮？天下同歸而殊塗，一致而百慮。天下何思何慮！日往則

月來，月往則日來，日月相推而明生焉；寒往則暑來，暑往則寒來，寒暑相推而歲成焉。往者屈也，來者信也，屈信相感而利生焉。尺蠖之屈，以求信也；龍蛇之蟄，以存身也。精義入神，以致用也；利用安身，以崇德也。過此以往，未之或知也。窮神知化，德之盛也。」

易曰：「困於石，據于蒺藜，入于其宮，不見其妻，凶。」子曰：「非所困而困焉，名必辱；非所據而據焉，身必危。既辱且危，死期將至，妻其可得見邪？」

易曰：「公用射隼于高墉之上，獲之，无不利。」子曰：「隼者，禽也；弓矢者，器也；射之者，人也。君子藏

器于身，待時而動，何不利之有？動而不括，是以出而有獲，語成器而動者也。」

子曰：「小人不恥不仁，不畏不義，不見利不勸，不威不懲。小懲而大誡，此小人之福也。易曰：『屨校滅趾，无咎』，此之謂也。」

「善不積，不足以成名，惡不積，不足以滅身。小人以小善為无益而弗為也，以小惡為无傷而弗去也，故惡積而不可掩，罪大而不可解。易曰：『何校滅耳，凶。』」

子曰：「危者，安其位者也；亡者，保其存者也；亂者，有其治者也。是故君子安而不忘危，存而不忘亡，治而

不忘亂，是以身安而國家可保也。易曰：『其亡其亡，繫于苞桑。』」

子曰：「德薄而位尊，知小而謀大，力小而任重，鮮不及矣。易曰：『鼎折足，覆公餗，其形渥，凶。』言不勝其任也。」

子曰：「知幾其神乎！君子上交不諂，下交不瀆，其知幾乎！幾者，動之微，吉之先見者也。君子見幾而作，不俟終日。易曰：『介于石，不終日，貞吉。』介如石焉，寧用終日？斷可識矣。君子知微，知彰，知柔知剛，萬夫之望。」

子曰：「顏氏之子，其殆庶幾乎！有不善未嘗不知；知

之，未嘗復行也。易曰：『不遠復，无祇悔，元吉。』

天地絪縕，萬物化醇；男女構精，萬物化生。易曰：『三人行，則損一人；一人行，則得其友。』言致一也。」

子曰：「君子安其身而後動，易其心而後語，定其交而後求，君子修此三者，故全也。危以動，則民不與也；懼以語，則民不應也；无交而求，則民不與也。莫之與，則傷之者至矣。易曰：『莫益之，或擊之，立心勿恆，凶。』」

第六章

子曰：「乾坤，其易之門邪！」乾，陽物也；坤，陰物也。陰陽合德，而剛柔有體，以體天地之撰，以通神明之德。其稱名也，雜而不越，於稽其類，其衰世之意邪！

夫易，彰往而察來，而微顯闡幽。開而當名辨物，正言斷辭則備矣。其稱名也小，其取類也大，其旨遠，其辭文，其言曲而中，其事肆而隱。因貳以濟民行，以明失得之報。

第七章

易之興也，其於中古乎！作易者，其有憂患乎！

是故；履，德之基也；謙，德之柄也；復，德之本也；恆，德之固也；損，德之修也；益，德之裕也；困，德之辨也；井，德之地也；巽，德之制也。

履，和而至；謙，尊而光；復，小而辨於物；恆，雜而不厭；損，先難而後易；益，長裕而不設；困，窮而通；井，居其所而遷；巽，稱而隱。

履以和行，謙以制禮，復以自知，恆以一德，損以遠害，益以興利，困以寡怨，井以辨義，巽以行權。

第八章

易之為書也，不可遠；為道也屢遷；變動不居，周流六虛，上下无常，剛柔相易，不可為典要，唯變所適。其出入以度，外內使知懼。又明於憂患與故，无有師保，如臨父母。初率其辭而揆其方，既有典常。苟非其人，道不虛行。

第九章

易之為書也，原始要終，以為質也。六爻相雜，唯其時物也。其初難知，其上易知，本末也。初辭擬之，卒成之終。若夫雜物撰德，辨是與非，則非其中爻不備。噫！亦要存亡吉凶，則居可知矣。知者觀其彖辭，則思過半矣。

二與四，同功而異位，其善不同：二多譽，四多懼，近也。柔之為道，不利遠者，其要无咎，其用柔中也。

三與五，同功而異位。三多凶，五多功，貴賤之等也。其柔危，其剛勝邪？

第十章

易之為書也，廣大悉備。有天道焉，有人道焉，有地道焉。兼三才而兩之，故六。六者非它也，三才之道也。

道有變動，故曰爻；爻有等，故曰物；物相雜，故曰文；文不當，故吉凶生焉。

第十一章

易之興也，其當殷之末世，周之盛德邪！當文王與紂之事邪！是故其辭危。危者使平，易者使傾，其道甚大，百物不廢；懼以終始，其要无咎。此之謂易之道也。

第十二章

夫乾，天下之至健也，德行恒易以知險；夫坤，天下之至順也，德行恆簡以知阻。能說諸心，能研諸侯之慮，定天下之吉凶，成天下之亹亹者。

是故變化云為，吉事有祥。象事知器，占事知來。天地設位，聖人成能，人謀鬼謀，百姓與能。八卦以象告，爻象以情言，剛柔雜居，而吉凶可見矣。變動以利言，吉凶以情遷，是故愛惡相攻而吉凶生，遠近相取而悔吝生，情偽相感而利害生。凡易之情，近而不相得，則凶，或害之，悔且吝。

將叛者其辭慚，中心疑者其辭枝，吉人之辭寡，躁人之辭多，誣善之人其辭游，失其守者其辭屈。

雜卦傳

乾剛坤柔，比樂師憂；臨觀之義，或與或求；屯見而不失其居，蒙雜而著；震，起也，艮，止也；損，益，盛衰之始也；大畜，時也，无妄，災也；萃聚，而升不來也；謙輕，而豫怠也；噬嗑食也，賁无色也；兌見而巽伏也；隨无故也，蠱則飭也；剝，爛也，復，反也；晉，晝也，明夷，誅也；井通而困相遇也；咸，速也，恆，久也；渙，離也，節，止也；解，緩也，蹇，難也；睽，外也，家人，內也；否，泰，反其類也；大壯則止，遯則退也；大有，眾也，同人，親也；革，去故也，鼎，取新也；小過，過也，中孚，

信也；豐，多故也，親寡，旅也；離上，而坎下也；小畜，寡也，履，不處也；需，不進也，訟，不親也；大過，顛也；姤，遇也，柔遇剛也；漸，女歸待男行也；頤，養正也；既濟，定也；歸妹，女之終也；未濟，男之窮也；夬，決也，剛決柔也，君子道長，小人道憂也。

乾文言

文言曰：元者，善之長也；亨者，嘉之會也；利者，義之和也；貞者，事之幹也。君子體仁，足以長人；嘉會，足以合禮；利物，足以和義；貞固，足以幹事；君子行此四德者。故曰：乾，元亨利貞。

初九曰：潛龍勿用。何謂也？子曰：龍德而隱者也。不易乎世，不成乎名，遯世无悶，不見是而无悶，樂則行之，憂則違之，確乎其不可拔，潛龍也。

九二曰：見龍在田，利見大人。何謂也？子曰：龍德而正中者也。庸言之信，庸行之謹，閑邪存其誠，善世而不

伐，德博而化。易曰：見龍在田，利見大人，君德也。

九三曰：君子終日乾乾，夕惕若，厲无咎。何謂也？子曰：君子進德修業。忠信，所以進德也；修辭立其誠，所以居業也。知至至之，可與幾也；知終終之，可與存義也。是故居上位而不驕，在下位而不憂。故乾乾因其時而惕，雖危，无咎矣。

九四曰：或躍在淵，无咎。何謂也？子曰：上下无常，非為邪也；進退无恆，非離群也。君子進德修業，欲及時也；故无咎。

九五曰：飛龍在天，利見大人。何謂也？子曰：同聲相

應，同氣相求。水流濕、火就燥，雲從龍、風從虎；聖人作，而萬物睹！本乎天者親上，本乎地者親下，則各從其類也。

上九曰：亢龍有悔。何謂也？子曰：貴而无位，高而无民，賢人在下位而无輔，是以動而有悔也。

潛龍勿用，下也；見龍在田，時舍也；終日乾乾，行事也；或躍在淵，自試也；飛龍在天，上治也；亢龍有悔，窮之災也；乾元用九，天下治也。

潛龍勿用，陽氣潛藏；見龍在田，天下文明；終日乾乾，與時偕行；或躍在淵，乾道乃革；飛龍在天，乃位乎天

德；亢龍有悔，與時偕極；乾元用九，乃見天則。

乾元者，始而亨者也；利貞者，性情也。乾始，能以美利利天下，不言所利，大矣哉！大哉乾乎！剛健中正，純粹精也；六爻發揮，旁通情也；時乘六龍，以御天也；雲行雨施，天下平也。

君子以成德為行，日可見之行也。潛之為言也，隱而未見，行而未成，是以君子弗用也。君子學以聚之，問以辯之，寬以居之，仁以行之。易曰：「見龍在田，利見大人」，君德也。九三重剛而不中，上不在天，下不在田，故乾乾因其時而惕，雖危无咎矣。九四重剛而不中，上不在天，下不

在田，中不在人，故或之。或之者，疑之也，故无咎。夫大人者，與天地合其德，與日月合其明，與四時合其序，與鬼神合其吉凶。先天而天弗違，後天而奉天時。天且弗違，而況於人乎？況於鬼神乎？亢之為言也，知進而不知退，知存而不知亡，知得而不知喪。其唯聖人乎！知進退存亡，而不失其正者，其唯聖人乎！

坤文言

文言曰：坤，至柔而動也剛，至靜而德方，後得主而有常，含萬物而化光。坤道其順乎！承天而時行。

積善之家，必有餘慶；積不善之家，必有餘殃。臣弒其君，子弒其父，非一朝一夕之故，其所由來者漸矣，由辯之不早辯也。易曰：履霜，堅冰至。蓋言順也。直，其正也；方，其義也。君子敬以直內，義以方外，敬義立而德不孤。直方大，不習无不利，則不疑其所行也。陰雖有美含之，以從王事，弗敢成也。地道也，妻道也，臣道也。地道无成而代有終也。天地變化，草木蕃；天地閉，賢人隱。易曰：

「括囊无咎无譽。」蓋言謹也。君子黃中通理，正位居體。美在其中，而暢於四支，發於事業，美之至也。陰疑於陽，必戰。為其嫌於无陽也，故稱龍焉；猶未離其類也，故稱血焉。夫玄黃者，天地之雜也，天玄而地黃。

附錄．不常用字之音義

乾卦：九三爻，无音ㄨˊ，通「無」字。

坤卦：牝，音ㄆㄧㄣˋ，雌性。

攸，音ㄧㄡ，所也。

屯卦：音ㄊㄨㄣˊ，又音ㄓㄨㄣ。

六二爻，邅，音ㄓㄢ，難行也。

需卦：九二爻，衍，音ㄧㄢˇ，水流動的樣子。

訟卦：九二爻，逋，音ㄅㄨ，逃避。

掇，音ㄉㄨㄛˊ，拾取。

上九爻，鞶，音ㄆㄢˊ，鞶帶為官袍。

師卦：六四爻，次，音ㄘˋ，止宿也。

比卦：音ㄅㄧˇ，又音ㄅㄧˋ。

筮，音ㄕˋ，問也。

初六，缶，音ㄈㄡˇ，猶如瓶罐之物。

六四爻，亹，音ㄨㄟˇ，又音ㄇㄣˊ，勉不倦。

小畜：懿，音ㄧˋ，美也。

九五爻，孿，音ㄌㄩㄢˊ，又音ㄌㄧㄢˋ，牽繫也。

履卦：九四爻，愬，音ㄙㄨˋ，恐懼貌。

九五爻，夬，音ㄍㄨㄞˋ，決也。

上九爻，旋，音ㄒㄩㄢˊ，反也。

否卦：辟，音ㄅㄧˋ，走避之意。

九四爻，疇，音ㄔㄡˊ，同類也。

大有卦：九四爻，晳，音ㄒㄧ，清楚貌。

六五爻，厥，音ㄐㄩㄝˊ，其也。

謙卦：裒，音ㄆㄡˊ，減少。

初六爻，牧，音ㄇㄨˋ，養也。

六四爻，撝，音ㄏㄨㄟ，發揮。

豫卦：忒，音ㄊㄜˋ，差也。

六三爻，盱，音ㄒㄩ，張大眼睛。

九四爻，盍，音ㄏㄜˊ，合也。
簪，音ㄗㄣ，速也。

觀卦：觀，音ㄍㄨㄢˇ，又音ㄍㄨㄢˋ。
顒，音ㄩㄥ，敬仰之意。

頤卦：勑，音ㄔˋ，通敕字，整飭之意。
初九爻，屨，音ㄐㄩˋ，通履。
九四爻，胏，音ㄗˇ，堅硬的乾肉。
上九爻，何，音ㄏㄜˋ，通荷，擔負之意。

賁卦：音ㄅㄧˋ，又音ㄅㄢ，飾也。
六二爻，須，音ㄒㄩ，通鬚字。
九三爻，陵，音ㄌㄧㄥˊ，侵犯之意。
六四爻，皤，音ㄆㄛˊ，又音ㄅㄛ，白也。

剝卦：初六爻，蔑，音ㄇㄧㄝˋ，當滅用。

復卦：初九爻，祇，音ㄑㄧˊ，至之意。

无妄卦：六二爻，菑，音ㄗ，墾一年之新田。
畬，音ㄩˊ，墾三年之熟田。

大畜卦：九二爻，說，音ㄊㄨㄛ，脫也。
六五爻，豶，音ㄈㄣˊ，去勢之豬。

頤卦：六二爻，拂，音ㄈㄨˊ，違也。

大過卦：九二爻，稊，音ㄊㄧˊ，新葉也。

坎卦：洊，音ㄐㄧㄢˋ，再也。
初六爻，窞，音ㄉㄢˋ，陷阱中的陷阱。
六四爻，樽，音ㄗㄨㄣ，酒器。
簋，音ㄍㄨㄟˇ，碗。
上六爻，徽纆，音ㄏㄨㄟㄇㄛˋ，繩束也。
寘，音ㄓˋ，同置也。

離卦：九三爻，昃，音ㄗㄜˋ，側也，日偏西為日昃。

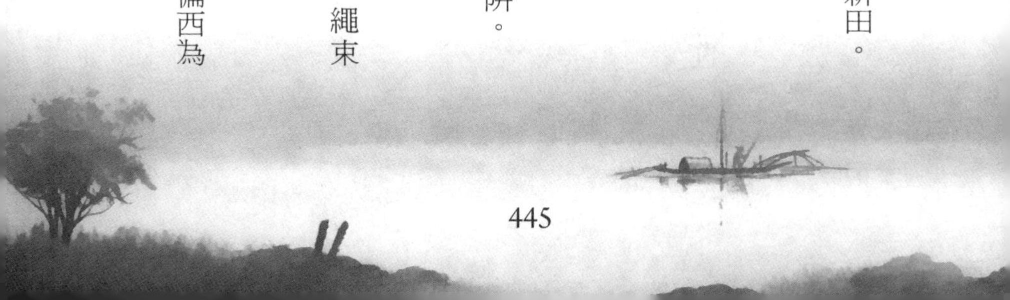

上九爻，醜，丑音，類也，大眾之意。

咸卦：六二爻，腓，音ㄈㄟˊ，小腿。

九五爻，脢，音ㄇㄟˊ，背肉。

上六爻，滕，音ㄊㄥˊ，張口表達。

恒卦：初六爻，浚，音ㄐㄩㄣˋ，深也。

遯卦：九三爻，係，音ㄒㄧˋ，繫也。

大壯卦：九三爻，罔，音ㄨㄤˇ，通亡，無也。

羝，音ㄉㄧˊ，雄羊。

晉卦：九四爻，鼫，音ㄕˊ，碩鼠。

羸，音ㄌㄟˊ，纏累。

家人卦：初九爻，閑，音ㄒㄧㄢˊ，防範，閑習也。

九三爻，嗃嗃，音ㄏㄜˋ，嚴厲貌。

睽卦：六三爻，劓，音ㄧˋ，割鼻。

解卦：坼，音ㄔㄜˋ，破開。

損卦：遄，音ㄔㄨㄢˊ，快速。

夬卦：九二爻，莫，暮之古字。

九三爻，頄，音ㄑㄧㄡˊ，臉面也。

姤卦：初六爻，柅，音ㄋㄧˇ，剎車之木。

躑躅，音ㄉㄧˊ、ㄓㄨˊ，徘徊。

九三爻，次且音ㄗ、ㄐㄩ，行不進也。

萃卦：假，音ㄍㄜˊ，至也。

六二爻，禴，音ㄩㄝˋ，簡約也。

上六爻，齎咨，音ㄐㄧ、ㄗ，嗟嘆。

困卦：揜，音ㄧㄢˇ，掩蓋。

初六爻，覿，音ㄉㄧˊ，見也。

九二爻，紱，音ㄈㄨˊ，巾衣之象。

六三爻，蒺藜，音ㄐㄧˊ、ㄌㄧˊ，有刺的植物。

上六爻，葛藟，音ㄍㄜˊ、ㄌㄟˇ，藤蔓纏繞之草。

臲卼，音ㄋㄧㄝˋ、ㄨˋ，危險不安。

井卦：繘，音ㄩˋ，汲水索也。
九二爻，鮒，音ㄈㄨˋ，小魚。
九三爻，渫，音ㄒㄧㄝˋ，清潔。
六四爻，甃，音ㄓㄡˋ，修治也。
九五爻，洌，音ㄌㄧㄝˋ，水清甘潔也。

鼎卦：九四爻，餗，音ㄙㄨˋ，美膳也。
渥，音ㄨㄛˋ，沾濡也。

震卦：虩，音ㄒㄧˋ，恐懼狀。
鬯，音ㄔㄤˋ，鬱金草和秬黍釀製之酒。
上六爻，矍矍，音ㄐㄩㄝˊ，慌張驚顧的樣子。

漸卦：六二爻，衎衎，音ㄎㄢˋ、ㄎㄢˋ，和樂的樣子。
六四爻，桷，音ㄐㄩㄝˊ，椽也。

歸妹卦：九四爻，愆，音ㄑㄧㄢ，愆期即逾期。
六五爻，袂，音ㄇㄟˋ，衣袖也。
上六爻，筐，音ㄎㄨㄤ，盛物之竹器。
刲，音ㄎㄨㄟ，割殺也。

豐卦：六二爻，蔀，音ㄅㄨˋ，障蔽也。
九三爻，沬，音ㄇㄟˋ，微光小星也。
上六爻，闃，音ㄑㄩˋ，寂靜也。

旅卦：初六爻，瑣瑣，音ㄙㄨㄛˇ，細屑猥鄙狀也。

中孚卦：初九爻，燕，音ㄧㄢˋ，安適也。
九二爻，靡，音ㄇㄧˇ，共治也。

既濟卦：六二爻，茀，音ㄈㄨˊ，首飾也。
六四爻，繻，音ㄒㄩ，錦衣也、袽，音ㄖㄨˊ，敝衣也。

未濟卦：汔，音ㄑㄧˋ，幾乎也。

國家圖書館出版品預行編目資料

人人都能讀懂易經／吳豐隆 著 -- 二版
-- 新北市：新潮社，2020.11
冊； 公分
ISBN 978-986-316-776-1（平裝）
1.易經 2.注釋

121.12 109013403

人人都能讀懂易經

作　　者　吳豐隆
企　　劃　天蠍座文創製作
出　　版　新潮社文化事業有限公司
電話 02-8666-5711
傳真 02-8666-5833
E-mail：service@xcsbook.com.tw

印前作業　東豪印刷事業有限公司
印刷作業　福霖印刷有限公司

總 經 銷　創智文化有限公司
新北市土城區忠承路 89 號 6F（永寧科技園區）
電話 02-2268-3489
傳真 02-2269-6560

二　　版　2020 年 11 月